DANS LA PEAU
D'UN CHINOIS

MARC BOULET

DANS LA PEAU D'UN CHINOIS

barrault

DIRECTRICE LITTÉRAIRE : BETTY MIALET
CONCEPTION GRAPHIQUE : HANS REYCHMAN

Si vous souhaitez être tenu au courant de la publication de nos ouvrages,
il vous suffit d'en faire la demande aux Éditions Bernard Barrault,
79, avenue Denfert-Rochereau, 75014 Paris

■ **M**arc Boulet, l'image que vous donnez de la Chine dans votre livre est pour le moins anticonformiste. Elle est surprenante, inattendue et même parfois choquante. Pour comprendre le regard que vous posez sur ce pays, j'aimerais vous connaître un peu mieux.

Marc Boulet – Je suis né à Paris en 1959. Après le bac, j'ai été admis à l'école de cinéma de « Vaugirard » où j'ai étudié de 1978 à 1980. Parallèlement, je commençais à produire des disques de rock.

■ – Vous êtes musicien ?

M. – Pas du tout. J'étais producteur... A l'époque j'étais anarchiste et en 1977 je vivais en Angleterre où ce mouvement était très intéressant. J'écrivais des articles dans la presse anarchiste et je travaillais dans les librairies alternatives. Je logeais dans des squats où j'entendais toute la journée des disques de musique punk. C'était l'époque des Sex Pistols. Ensuite, je suis parti en Irlande du Nord et j'ai rencontré des groupes punks que j'aimais beaucoup et que j'ai essayé de faire connaître en France à mon retour. Je contactais les radios, les rédactions des journaux spécialisés, les maisons de disques, sans relâche et sans grand succès, à vrai dire. Mais grâce à ce travail, j'ai finalement commencé à faire connaître dans ce milieu mes productions « exotiques » et à les faire distribuer. Un mensuel m'a commandé une enquête sur les groupes punks polonais. C'était en 1980 et ce voyage en Pologne, ce premier contact avec les pays communistes, avec la générosité et les idéaux des Polonais et des gens de « Solidarnosc » m'a beaucoup marqué.

■ – Quand avez-vous effectué votre premier voyage en Chine ?

M. – En 1981. J'effectuais un reportage sur la musique populaire chinoise.

■ – Et vous êtes tombé amoureux de la Chine ?

M. – Pas amoureux. Passionné, plutôt. Le pays était si différent de tout ce qu'on disait, de tout ce qu'on écrivait à son propos que j'ai voulu explorer cette terre... L'Asie tout entière, d'ailleurs, me passionnait et j'ai voyagé ensuite en Corée, en Thaïlande, aux Philippines, au Japon, à Hong Kong, Taiwan et bien sûr en Chine.

■ – Vous êtes journaliste ?

M. – Non. Je suis plutôt un voyageur muni d'une carte de presse qui écrit des articles et prend des photos pour payer ses expéditions.

■ – Et vous avez appris le chinois ?

M. – Après ce premier séjour en Chine en 1981, j'ai décidé de vivre en voyageant, mais aussi d'apprendre des langues orientales pour comprendre comment les peuples que je rencontrais raisonnaient. J'ai donc étudié l'albanais, le chinois et le coréen. Aujourd'hui, je parle six langues, je suis diplômé de « Langues O » et je travaille occasionnellement pour le Quai d'Orsay comme interprète-traducteur en albanais.

■ – Albanais ?

M. – Oui. La « pureté » et la fierté politiques de ce pays m'ont toujours intrigué.

■ – Vous avez beaucoup voyagé ?

M. – Toujours. J'ai habité six mois aux Etats-Unis, j'ai voyagé au Mexique, en Union soviétique, en Yougoslavie, en Bulgarie, en Albanie…

■ – Vous circulez beaucoup dans les pays communistes ?

M. – Oui. La révolution est le moteur de ma vie et je la passe en allant constater l'état des révolutions aux quatre coins du globe. Pour essayer de comprendre où elles en sont.

■ – Mais c'est en Chine que vous êtes allé le plus souvent, que vous avez vécu et que vous vous êtes marié. Pourtant vous en donnez une image très critique.

M. – Je ne crois pas… Tout du moins je ne le souhaitais pas. Je veux être un observateur, je ne cherche pas à analyser ou à disserter. Je rapporte des faits, j'essaie d'être réaliste.

■ – Vous nous montrez des drogués, des prostituées, des loubards, des paradis fiscaux. C'est une image très partiale de la Chine.

M. – Je n'ai pas voulu peindre un portrait exhaustif de la Chine et des Chinois. J'ai simplement voulu montrer que l'image officielle donnée par la propagande et, plus curieusement, par les visiteurs occidentaux, est tout à fait orientée et fausse. La Chine continue d'être présentée comme un pays mythique, auréolé d'un romantisme historique ou révolutionnaire qui le place à l'écart de l'orbite des autres pays. On pourrait croire en lisant l'abondante littérature qui leur est consacrée que les Chinois sont des extra-terrestres qui ne fonctionnent pas comme les humains ordinaires, ne vivent pas dans le même temps que nous, ne sont pas agités par les mêmes désirs, les mêmes pulsions, les mêmes faiblesses et les mêmes audaces. C'est faux. De plus, je suis obligé de reconnaître que la Chine est un pays aux conditions de vie extrêmement dures et que les Chinois sont en grande majorité des gens frustes et brutaux. C'est un fait, je l'ai observé durant tous mes séjours, en ville comme à la campagne. Bien sûr, je n'en fais pas une règle. Ce serait idiot. Mais je peux affirmer que l'image qu'on nous rapporte d'un milliard d'individus policés, courtois et politisés est fausse.

■ – Vous vous êtes marié à Pékin avec une jeune Chinoise, Gloire. Partage-t-elle votre sentiment ?

M. – Demandez-le lui !

■ – Gloire, en épousant Marc Boulet, vous avez rompu avec votre pays. Je sais que les Chinois n'apprécient pas ce genre d'union.

Gloire – Je n'ai pas rompu avec la Chine, et j'espère y retourner prochainement et pouvoir m'y rendre chaque fois que je le désirerai. Mais c'est vrai, ma famille n'a pas accepté mon mariage avec un étranger et mon père, en particulier, refuse toujours de me parler.

■ – Qu'est-ce qui vous a séduit chez Marc ?

G. – Tout d'abord, il parlait chinois et je me suis sentie immédiatement proche de lui. Ensuite, j'ai été frappée par la profondeur de sa connaissance de mon pays. Il connaissait beaucoup de choses que j'ignorais moi-même. Surtout, il faisait preuve d'une grande liberté d'esprit. J'avais déjà rencontré des étrangers, mais Marc n'exprimait aucune des images convenues avec lesquelles les étrangers nous décrivent. La Grande Muraille, Confucius, notre cuisine, notre peinture, l'histoire de notre Parti..., toutes choses qui sont très éloignées de notre existence quotidienne. Combien de Chinois ont simplement goûté les mets raffinés qui font la célébrité de notre cuisine ? Ils sont réservés à l'élite de nos cadres et aux étrangers ! Marc, au contraire, me renvoyait une image simple et franche de la Chine et des Chinois et je n'ai jamais ressenti que mon pays était une légende pour lui. Je suis membre de la Ligue de la Jeunesse communiste et j'ai été secrétaire d'une cellule. Quand j'ai rencontré Marc j'étudiais le journalisme à l'université. Il a souvent blessé ma fierté de citoyenne en regardant la Chine sans a priori ni concessions. Mais, pour rester honnête avec moi-même, quitte à me détacher de la propagande officielle et de la ligne que tout Chinois – communiste ou non – doit suivre face à un étranger, je n'ai jamais pu l'accuser de mentir ou de ne pas comprendre la réalité de notre vie quotidienne. Marc est un curieux infatigable. A la maison, dans la rue, dans les bus, il découvre toujours des choses que les autres ne voient pas. Je crois que c'est cette liberté d'esprit qui m'a séduite.

■ – Marc, vous avez voyagé aux quatre coins de la Chine, déguisé en chinois, avec de fausses pièces d'identité. Vous n'avez jamais eu peur ?

M. – J'ai séjourné en Chine entre 1981 et 1987 mais je n'ai pris le risque de rentrer dans la peau d'un Chinois qu'à partir de 1985. Durant une année, j'ai vécu avec la peur constante d'être découvert, jugé et emprisonné car la loi chinoise est particulièrement sévère pour les délits de cette nature. Je ne pouvais pas justifier mon acte et je n'étais pas en mesure de prétendre qu'il s'agissait d'un travail ou d'une blague comme cela serait le cas pour une expérience similaire réalisée dans un pays occidental. Cela dit, ce n'était pas du courage de ma part mais plutôt une nécessité absolue. A ce point de mes voyages en Chine, je devais absolument vivre une telle aventure pour parvenir à une connaissance réelle de ce pays et de son peuple.

URSS

MONGOLIE

AFGHANISTAN

Kuqa   • Urumqi
• Kashgar   Turpan
    • Makitt

KASHMIR

PAKISTAN

Golmud   Xining

NÉPAL

Lhasa   Cheng

Zhamu   Batang   Kangding

BHUTAN

Gange

INDE   BANGLADESH

BIRMANIE

Yang Tsé Kian

VIETNAM

Golfe du Bengale   LAOS

THAÏLANDE

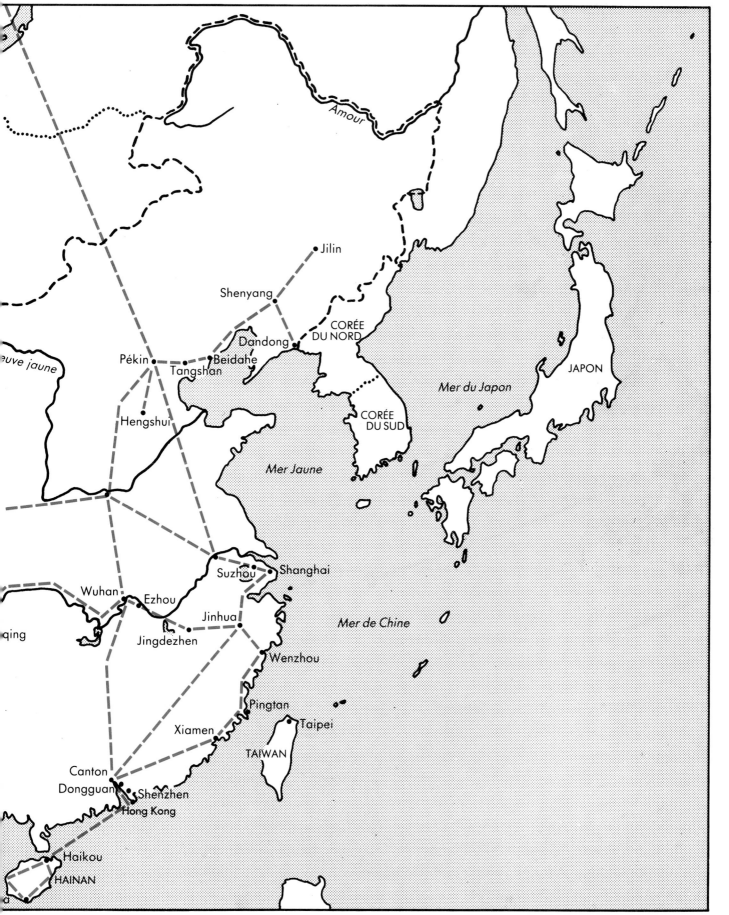

Amour

Jilin

Shenyang

Dandong

CORÉE
DU NORD

Pékin   Beidahe
    Tangshan

euve jaune

Hengshui

CORÉE
DU SUD

Mer du Japon

JAPON

Mer Jaune

Suzhou   Shanghai

Wuhan   Ezhou

qing   Jinhua

Jingdezhen

Mer de Chine

Wenzhou

Pingtan

Taipei

Xiamen

TAÏWAN

Canton

Dongguan   Shenzhen

Hong Kong

Haikou

HAINAN

19 octobre 1981.

J'ai vingt et un ans.

Premier voyage en Chine.

L'automne est très agréable à Pékin et il fait bon canoter sur le lac Beihai.

Mon interprète Jian Zhenxiao m'accompagne. Des barques nous croisent et les doigts se tendent vers moi : « Regarde ! Regarde , un Ouïgour ! »

Murmures d'étonnements et coups de coudes complices entre copains. Jian s'étonne de l'intérêt que je suscite et me fixe plus attentivement.

C'est vrai. Il ne l'avait pas remarqué mais avec ma peau mate, mon gros nez, mes sourcils épais et mes cheveux raides comme des poils de sanglier, je ressemble tout à fait à un Ouïgour, un de ces Chinois du Xinjiang*. Ancêtres des Turcs dont ils possèdent les traits de physionomie, les Ouïgours peuplent cet immense désert de l'Ouest qui couvre un sixième du territoire chinois.

L'intérêt des canoteurs ne faiblit pas et ils continuent de dévisager ce « Chinois blanc » qu'ils ne connaissent que par les revues et le cinéma, car en 1981 on ne rencontre pas de Ouïgours à Pékin. Jian m'apprend que, contrairement à mes idées reçues, tous les Chinois n'ont pas les yeux bridés. Ma façon de m'habiller ajoute à cette ressemblance. Avec mes lourdes chaussures noires à lacets et ma veste étriquée achetées en Pologne, je ne risque pas d'être pris pour un Occidental. Cette méprise me ravit et je me promets de l'utiliser au mieux.

J'ai été invité en Chine par la *Section de la propagande du comité de liaison culturelle avec l'étranger.*

A ce titre, je suis l'hôte officiel du gouvernement, l'ami du peuple chinois, et les autorités locales ont mis à ma disposition une confortable limousine.

Néanmoins, je préfère me déplacer en bus et mes accompagnateurs me le reprochent.

A Shanghai, Jian n'en peut plus, il se plaint amèrement : « Avec les masses, ce n'est pas le contact physique qui compte mais le contact idéologique. »

Tous mes guides partagent ce sentiment. Toute l'année, ils utilisent les transports en commun et pour une fois où ils pourraient voyager dans une voiture particulière, moi, le journaliste français, je les oblige à me suivre dans des bus surchargés pour découvrir les conditions de vie de leur peuple.

Je les énerve et en fait ils me détestent. Ils ont raison. Néanmoins, je refuse de suivre leurs conseils. Je demande à Jian une dernière faveur avant de le quitter : Je veux acheter un « costume Mao », car le coton est strictement rationné et une fois seul, je ne pourrai plus en acquérir un.

☐ Dingan, 1986 (page précédente).

* Xinjiang : en chinois, « les nouvelles frontières ».

Ainsi habillé, tout le monde me prend pour un Chinois. Même les étrangers. Pour les Hans, les « Chinois jaunes », le Xinjiang rime avec la Route de la soie et j'appartiens à la légende. Ils me sourient, s'arrêtent, voudraient me parler, entendre le son de ma voix. Ils hésitent, ils n'osent jamais et l'imposture s'entretient d'elle-même.

J'ignore si c'est une chance mais je n'y peux rien.

Durant mes nombreux séjours en Chine entre 1981 et 1985, ce quiproquo me surprend toujours. Néanmoins, l'ouverture de la Chine et la lente évolution des mentalités issue des réformes de Deng Xiaoping entraînent un brassage des populations et les Ouïgours descendent eux aussi dans les grandes métropoles de l'Est. Finalement en 1985, je ne trompe plus personne. Je suis de nouveau un étranger aux yeux de tous mais dans la rue les autochtones n'appellent plus les occidentaux comme en 1981 des « amis étrangers ». Nous sommes devenus des *laowai* : des métèques. Même la presse et le cinéma reprennent ce terme sans retenue. Mais ce n'est pas du racisme car selon les Chinois nous sommes vraiment des métèques. Les Africains, quant à eux, ces anciens « frères » du tiers-monde, ne sont plus que des « gorilles » ou des « diables noirs ».

Le pays a vraiment changé. Des gargotes se sont ouvertes dans les villes et les campagnes, et maintenant les devises occidentales se changent au noir dans la rue. A Pékin, les trafiquants sont ouïgours. Ils contrôlent ce marché et celui des stupéfiants. Sur *Wangfujing,* une des artères les plus commerçantes de la capitale, ils harcèlent en plein jour les touristes. Ils achètent les devises cinquante pour cent plus cher et vendent des boulettes de hachisch, deux dollars les vingt grammes.

Leurs affaires marchent bien et ils s'habillent comme des Méditerranéens. Ils n'ont jamais autant ressemblé à leurs descendants turcs.

Je connais bien l'un d'eux : Kahar. Nous nous rencontrons tous les soirs vers 17 heures en haut de *Wangfujing.* Je lui présente des amis occidentaux. Il change leur argent et nous déconnons jusqu'à la nuit sur le trottoir. Je suis sans doute un délinquant mais avec Kahar et ses amis je n'ai pas peur. Je respecte leur travail. Ce sont de vrais banquiers, ceux de la « nouvelle » Banque du Peuple. Ils sont arrivés du Xinjiang, ils ont organisé un système de change parallèle et illégal, et ainsi grâce à eux, la banque est descendue dans la rue et s'est socialisée. C'est le peuple face au peuple. Ils achètent les devises aux étrangers et les revendent aux Chinois contre de la « monnaie du peuple »*. Ils ne prennent que deux pour cent de commission et ils appliquent un taux de change quasi officiel dont nul ne peut dire comment il est déterminé mais dont

* Le *renminbi,* traduction : la *monnaie du peuple,* est la monnaie chinoise et son unité est le yuan.

□ 1981. Premier voyage en Chine avec la *Section de la propagande du comité de liaison culturelle avec l'étranger.*

j'ai observé qu'il variait le même jour de Pékin à Canton, de Lhasa à Kashgar. Comment cette information circule-t-elle ? Qui fixe le taux qui sera en vigueur demain ? Je l'ignore. Mais le système fonctionne, implacable.

Ce taux pragmatique est même utilisé par les palaces et les grands magasins d'État quand ils facturent aux Chinois des produits importés ou des services payables en devises fortes. Les cours de la Banque du Peuple de Chine ne servent que pour la propagande et les statistiques car cette banque officielle du peuple ne vend pas les devises contre la « monnaie du peuple ».

Comme me le disait Jian en 1981 : « Chez nous, la politique et la réalité sont deux choses différentes ».

Comme tout le monde j'utiliserai désormais les cours de Kahar et de ses amis.

Kahar n'est pas un dissident.

Simplement, il veut jouir de tout, tout de suite et nous sommes très proches.

Je lui ai fait part de ma volonté de remonter la filière de la drogue et il accepte de me donner l'adresse de son père à Kashgar, dans le Xinjiang ■

□ Kahar.

□ Parmi les « Chinois blancs », des Ouïgours de Wangfujing.

DROGUE EN CHINE

J'arrive à Kashgar le 4 octobre 1985 après une semaine de train et de car. C'est le bout de l'empire chinois. Pékin se trouve à quatre mille kilomètres mais le Pakistan, l'Afghanistan et l'Union soviétique sont tout proches. A cent kilomètres.

La ville est musulmane et les femmes circulent voilées. Malgré la statue imposante du président Mao qui domine la place centrale, les autochtones murmurent avec ironie que le *Petit Livre rouge* n'est jamais parvenu jusqu'ici. Les Pakistanais ont envahi la ville. Ils importent et exportent de tout : des parfums, de la soie, des tissus, de la vaisselle. Certains racontent qu'ils viennent aussi en Chine pour se soûler car si l'alcool y sent mauvais, il y est en vente libre et bon marché. Ils rencontrent également les Ouïgoures. Ça leur coûte vingt francs la soirée.

Tout l'après-midi, je cours dans le bazar au milieu des marchands de brochettes. Ce n'est pas facile de chercher le père de Kahar. Plusieurs personnes portent son nom et ses soi-disants cousins et amis me renvoient d'une porte à l'autre. Odeurs de cumin et de graisse d'agneau brûlée parfument le labyrinthe des ruelles.

Finalement, je le trouve et je lui expose mon projet. Il ne peut m'aider. Il n'a pas le temps, dit-il... et il me conseille de passer dans la clandestinité et de partir pour Makitt, le plus grand centre de production de hachisch en Chine. C'est une région interdite aux étrangers et pour y pénétrer, je dois me déguiser en Chinois. Une décision difficile à prendre car je risque la prison. Si quelqu'un se doute de ma supercherie, il me dénoncera à la police omniprésente. Le père de Kahar est formel, il n'existe aucune autre solution. Je n'ai pas le choix et ainsi sans être particulièrement courageux, je décide de tenter ma chance.

J'achète une paire de chaussures en cuir, rapiécées et puantes, pour trois francs, une chemisette blanche à pois marron avec un col large à la mode locale pour quinze francs et un pantalon droit et gris pour dix francs. Je patine cette garde-robe sur la route et j'y ajoute une casquette marron et l'indispensable poignard que tout mâle porte à la ceinture pour découper les pastèques. Je dois ressembler à un jeune Ouïgour de la ville revenant parader dans sa campagne d'origine et je ne dois rien laisser au hasard pour réussir ma composition.

Le père de Kahar me félicite :
– Tu es très beau. Vraiment !... Maintenant tu es des nôtres. On dirait un Ouïgour, un vrai Chinois ! *Bolde ! Bolde !**... Il faudra aussi te laisser pousser la moustache et ne pas te raser trop souvent. Et n'oublie pas, tu es sourd et muet. Si tu parles, tu te trahiras immédiatement.

*En ouïgour : *C'est bien ! C'est bien !*

☐ Kashgar.

Le car déglingué nous fait manger la poussière du désert et se traîne d'une oasis à l'autre. Kashgar-Makitt, c'est deux cents kilomètres mais deux jours de piste. Nous sommes cinquante passagers dont la moitié voyage debout.

Je me conduis comme eux et ils me prennent pour un authentique Chinois.

Être chinois, c'est dur ! Finis les privilèges réservés aux étrangers. Je dois faire la queue comme les autres à l'étape, pousser de l'épaule, du coude et du genou pour monter et descendre du car, pour obtenir un lit dans l'hôtel-dortoir.

Il ne faut jamais être poli, toujours faire preuve d'indifférence. Je m'y suis entraîné. J'ai appris à cracher entre mes pieds et à marcher lentement. J'agis avec méthode, calmement mais avec rudesse. Je remue la tête et les membres avec lassitude selon un rythme habituel dans les pays marxistes. Tout signe de précipitation ou de nervosité révélerait ma véritable origine sociale. Quelle que soit la situation, il faut laisser aller les choses comme elles viennent. Se contrôler, être rustre et grossier. Sale aussi. Et, je crache, je me gratte, je me décrotte les trous de nez et n'hésite pas à m'essuyer les mains sur ma chemise après avoir avalé une pastèque pour me rafraîchir.

J'ai beaucoup étudié, et je sais enfin m'asseoir à la chinoise : accroupi, les pieds écartés, les talons à plat sur le sol. Néanmoins cela reste très douloureux. Mes camarades de route s'assoient à tout bout de champ. Je ne fais plus de manières et je les imite dans le sable ou dans la boue.

S'il est relativement facile de jouer le muet, mon rôle de sourd me pose des problèmes inattendus. C'est difficile de maîtriser ce sens. Que les camarades sifflent ou chantent, que le chauffeur du car klaxonne, que le véhicule dérape, pétarade ou freine bruyamment, je ne dois rien entendre. Impossible de sursauter. Au début, je me laisse surprendre et évidemment mes voisins s'en étonnent mais je grimace ou je toussote immédiatement pour masquer mes réflexes. Progressivement j'apprends à me dominer et, au fil des kilomètres je deviens un sourd-muet irréprochable.

Nous entrons dans Makitt. Soudain je réalise ne pas avoir ouvert la bouche depuis trente heures. Ça ne me manque pas. Je n'avais rien à dire. Je comprends que le plus souvent je parle pour ne rien dire. Je descends du car. Il est midi. Makitt m'attend. La ville est déserte car, à cette heure chaude du jour, les hommes dorment. Je m'élance au hasard à la recherche de ces champs de marijuana dont tout le monde parle.

Des haut-parleurs crachent leur propagande : Dernières résolutions du Comité central, bulletin météo, informations qui résonnent étrangement dans les rues vides. Je marche vite dans la lumière aveuglante d'un soleil écrasant. J'erre pendant des heures dans la ville qui s'anime lentement. Je n'ose parler à personne. L'angoisse monte et le soir tombe. Que faire ? Où dormir ? J'ai appris que ce genre de questions trouvent toujours une solution

☐ Déguisé en Ouïgour.

☐ Femmes voilées
à Kashgar (page suivante).

mais la situation est un peu particulière car je ne veux pas attirer l'attention des passants et loger dans la prison de Makitt.

Dans les faubourgs, je croise encore un paysan. Peut-être le dernier... Il se hâte. Il s'est attardé aux champs et la nuit le pousse. Je l'arrête et lui adresse la parole dans mon chinois hasardeux. Risque fou !

– Salut...

– Salut !

– Je peux vous parler ?

Il s'est arrêté. Il me regarde sans méfiance particulière. Il hausse les épaules et va s'asseoir sur un talus. Je l'accompagne.

– Je ne suis pas chinois. Je suis étranger... Je suis français. Mon père est paysan et il veut se lancer dans la culture de la marijuana et la production du hachisch. Il dit que ça rapporte mais nous ne savons pas fabriquer ça en France. Pouvez-vous m'aider ? Pouvez-vous m'apprendre ?

L'homme continue à me dévisager sans malveillance. Il ne répond rien. J'ignore s'il me croit. Il finit par soupirer et me dit simplement :

– La récolte n'aura pas lieu avant quinze jours.

Je lui répète que je suis étranger, que la ville m'est interdite...

– Tu peux attendre chez moi. Je te cacherai !

Il a décidé cela sans la moindre hésitation. J'accepte avec soulagement.

Mon hôte s'appelle Mehmet. Il possède, en guise de ferme, une cahute de trois pièces. Une pour lui, sa femme et son gamin, une pour les invités, et la dernière pour ses trois brebis.

Sa femme est heureuse de m'accueillir. Elle me montre ma chambre et nous laisse entre hommes. Mehmet sort aussitôt une bouteille d'alcool de rose et nous la partageons. C'est la fête ! Très vite, un de ses amis nous rejoint et nous décapsulons une autre bouteille.

Ces hommes ne semblent pas surpris de me voir et ils m'offrent cette amitié spontanée qui naît de la rencontre d'étrangers qui se découvrent.

Ensuite Mehmet m'offre de fumer. Il met son pouce dans la bouche et lève le petit doigt pour simuler une pipe et m'indiquer qu'il s'agit de fumer du hachisch.

Ici tout le monde se drogue et sa proposition est bien banale. Les hommes, les femmes, les vieux comme les jeunes fument dix à quinze joints par jour et consomment cinq kilos de hachisch par an. Tout du moins les Ouïgours. Les Hans, les « Chinois aux yeux bridés » comme le mime Mehmet, et qui peuplaient à l'origine l'est de la Chine, sont des étrangers à Makitt et ne partagent pas les usages des autochtones. Ils ont débarqué par colonies en 1954 pour moderniser le désert et s'ils représentent aujourd'hui un quart de la population, ils ne se mélangent pas avec les Ouïgours. Ils ont peur et ils ne se hasardent pas la nuit dans le bazar.

☐ Champs de marijuana.

☐ Les pieds femelles.

– Nous les détestons, dit Mehmet. Tous les communistes, tous les policiers sont des Hans.

Il dessine en même temps une étoile sur sa calotte pour symboliser l'uniforme des agents de la Sécurité publique. En 1967, ils l'ont emprisonné pendant six mois parce qu'il avait écouté la radio soviétique. Il ne leur pardonne pas et il hait Mao, Deng et les autres.

Le lendemain matin, j'accompagne Mehmet aux champs. La marijuana pousse partout. En parcelles d'un are ou le long des plantations de maïs et de coton. Sur notre passage, les plants mâles libèrent des petits nuages de pollen. Au loin, j'entends la radio communale. Il me semble qu'il n'existe que deux choses à Makitt : la drogue et la propagande des hauts-parleurs. Elle résonne sur les arbres, et le soleil qui commence à cogner et l'odeur de noisette fraîche et de chocolat de la marijuana qui remplit l'air m'étourdissent et me font un peu tourner la tête. Je propose à Mehmet de nous arrêter pour nous reposer.

Nous nous allongeons à l'ombre d'une haie de marijuana. Les pieds au soleil et la tête protégée par les tiges de plus de trois mètres de haut. Mehmet me donne ma première leçon.

Il arrache une branche et décortique une tête. Seules les têtes des pieds femelles doivent être utilisées. Il ouvre la main et me montre les graines. Elles sont encore vertes.

– Dans quinze jours, elles seront mûres. Elles seront noires.

Les jours s'écoulent au rythme du soleil. J'ai oublié la France, je suis devenu chinois. Je ne me lave plus. Je ne mange pas de viande mais seulement des pâtes, du choux et des tomates. Je bois l'eau croupie de la mare voisine et, comme tous les hommes et tous les animaux de notre ville, je vis sans problèmes avec une diarrhée chronique. Je pense et j'agis avec lenteur et simplicité. L'avenir ne me préoccupe pas. Demain existe et il suffit d'attendre. Et j'attends !

Un matin, Mehmet me réveille à l'aube. Il m'annonce que les graines sont noires.

– Demain, nous taillerons le kandir !*

Il semble heureux et se prépare un joint. Il ne cesse de se droguer. Il aime ça. Je le vois à tout moment découper un petit rectangle de dix centimètres sur cinq dans le Quotidien du peuple, le rouler en forme de pipe et le bourrer d'un mélange de hachisch et de tabac dans la proportion un tiers-deux tiers. Selon lui, l'encre d'imprimerie délivre mieux la puissance du narcotique.

– C'est notre façon de consommer le Quotidien du peuple, m'affirme-t-il en dodelinant de la tête, un large sourire aux lèvres.

Le lendemain, nous récoltons la marijuana. Abliz, le cousin de Mehmet, nous aide. Ici, les gens n'ont jamais entendu parler de Delon, Mitterrand ou Caroline de Monaco mais aux côtés de

* Marijuana en ouïgour.

☐ Mehmet étend la marijuana sur le toit de son gourbi pour la faire sécher.

Allah, ils vénèrent Platini, et entre deux coups de serpette, sous le soleil accablant, Abliz exige que je lui parle de son idole. Je n'y connais rien mais je brode un peu pour lui être agréable.

Nous prenons tout notre temps et ne cherchons même pas à dissimuler notre activité.

Pour la Sécurité publique, nous cueillons du chanvre et ils ignorent que c'est aussi une drogue.

– Nous leur disons : « C'est pour nos pigeons » et ils nous croient... C'est vrai, les oiseaux aiment bien les graines de chanvre !, précise Mehmet.

Je pense plutôt que les autorités ferment les yeux pour ne pas mécontenter davantage les Ouïgours et provoquer des émeutes supplémentaires dans cette région frontalière et stratégique. Grâce à cet accord tacite, la marijuana prolifère au grand jour dans chaque ferme et fait la renommée de Makitt dans toute la Chine.

Nous avons fauché cent kilos de tiges femelles et nous les transportons sur le toit du gourbi de Mehmet. Elles répandent une forte odeur de sève et nous les laisserons sécher cinq ou six jours. Mehmet espère en tirer trois kilos de hachisch.

Nouvelle attente. Les jours passent.

Le fils de Mehmet attrape une dysenterie. Sa mère le guérit en lui chauffant les fesses avec une bougie tout en prononçant des incantations magiques.

Puis, Mehmet constate que la marijuana est sèche.

– Il est temps de fabriquer le hachisch ! C'est le travail de ma femme.

Il fait jour. Elle s'installe dans la cour et émiette les tiges sur une toile en plastique de deux mètres carrés. Mehmet l'assiste. Elle saisit un tamis et il y verse les miettes de marijuana. Une poussière tombe. La famille refiltre cette poudre à travers un tamis plus serré. Et encore... une fois, deux fois, trois fois, quatre fois... La poussière devient plus fine que de la farine et la brise commence à la disperser. Les yeux et la gorge me picotent désagréablement.

– Ça suffit, s'écrie Mehmet. Regarde ! La poudre colle aux doigts. Elle peut s'agglutiner. Il ne reste aucun déchet. C'est du hachisch. Il suffit de le laisser s'aérer et s'humidifier sur le toit pendant trois jours et trois nuits et nous pourrons le presser et le mouler.

Mehmet est radieux. Il se roule un joint et nous sortons dans la rue pour nous changer les idées et fêter la fin de cette moisson. Je n'ai plus peur de marcher en public avec lui quand il fume de la drogue. Les policiers que nous croisons ne disent jamais rien. En Chine, il existe tant d'odeurs différentes de tabac que les policiers sont incapables de reconnaître celle du hachisch.

– Si un policier me demande ce que je fume, je lui répondrai : « C'est du tabac ! », dit Mehmet.

C'est un fait, en Chine on peut consommer du hachisch librement et impunément. Selon Mehmet, ce n'est pas nocif. Peut-être légèrement somnifère. Par contre, il ne fume pas l'opium. C'est trop risqué.

□ La fabrication du hachisch.
L'émiettement.
Le tamisage.
Le pressage.

– Les « guerres de l'opium » ont fait des ravages et la police est très vigilante. Les policiers reconnaissent facilement l'arôme et la consistance de l'opium. C'est extrêmement dangereux à produire, vendre ou consommer. Si tu te fais prendre, c'est la mort !, conclut Mehmet en singeant un policier qui met un homme en joue. Néanmoins, il existe toujours des plantations de pavot en Chine. Elles sont secrètes et très protégées. Une partie de l'opium du Triangle d'or provient en réalité de la province du Yunnan. Dans le Xinjiang, les Chinois cultivent le pavot à Changji, Yangji, Ili et surtout Hotian.

Un des amis de Mehmet qui vend des herbes médicinales dans le bazar propose de me céder un kilo d'opium. Il demande mille yuans (mille sept cents francs). Son business consiste à faire la navette entre Hotian et Makitt. Il achète de l'opium à Hotian qu'il deale à Makitt et surtout inversement, il revend le hachisch de Makitt à Hotian car la marijuana n'y pousse pas et les habitants en sont friands. A Makitt, le kilo de hachisch vaut vingt-cinq yuans, à Hotian cent yuans.

– C'est un commerce très rentable ! conclut Mehmet.

En rentrant à Pékin, je rencontre des routards : un Français, un Allemand et deux Américains. La drogue est le but de leur voyage en Chine et ils en vivent. Ils ont acheté à Kashgar, Turpan ou Urumqi un ou plusieurs kilos de hachisch. Entre quatre-vingts et cent cinquante yuans le kilo. Je leur demande pourquoi ils ont choisi la Chine pour s'approvisionner.

– C'est le pays du monde où la drogue coûte le moins cher et où la police est la plus naïve dans ce domaine, m'explique Lionel, le Français. Et surtout, pour exporter la drogue, il suffit de l'expédier par colis postal. Les douaniers occidentaux ne s'attendent pas à découvrir de la drogue dans les paquets en provenance de Chine et ils pensent que leurs collègues chinois inspectent très méticuleusement tout le courrier. C'est vrai mais ils ne savent pas reconnaître la drogue et ils recherchent les écrits contre-révolutionnaires, les livres prohibés et les antiquités.

A Pékin, Lionel me dévoile, non sans se faire prier, comment il procède. Il cache un kilo de hachisch au fond d'une grande boîte métallique de bonbons chinois célèbres, puis il recouvre avec les sucreries d'origine. Au bureau de poste, les douaniers ouvrent le paquet devant lui et le referment quand ils aperçoivent les confiseries. Ils ne renversent jamais le contenu de la boîte sur le comptoir. Ce serait sale.

– L'affranchissement du paquet coûte trente yuans, la boîte dix et le kilo de hachisch quatre-vingt. Au total j'en ai pour cent dix yuans, soit un peu moins de deux cents francs… Je revends le tout à Paris pour vingt mille francs. Je réalise donc dix mille pour cent de bénéfice sans le moindre risque. Qui dit mieux ?

Lionel affiche le sourire suffisant et satisfait d'un homme d'argent qui réussit ■

☐ Comment rouler un joint à la Chinoise…

DEVENIR CHINOIS

« J'ignore si l'idée est née par hasard ou si elle s'est imposée au fil des années… »

En juin 1986 à Pékin, c'est chic de passer les après-midi sur le bassin de la piscine du Club international. J'y traîne tous les jours. Ensuite, je remonte l'avenue de la Paix éternelle vers le Magasin de l'amitié. C'est un grand magasin réservé aux étrangers où ils peuvent acheter des produits importés et les marchandises chinoises destinées à l'exportation. Cognacs, cigarettes américaines, chocolats suisses, champagne mais aussi laque, fourrures, soie, cachemire, fromages et même des cœurs de laitue.
L'entrée est interdite aux autochtones mais mon meilleur ami chinois y entre comme chez lui et je l'y retrouve tous les soirs vers dix-huit heures dans la cafétéria. Nous y avons établi notre quartier général avec une quinzaine d'autres amis chinois. Mon camarade, comme les autres, est ce que les Pékinois surnomment un « Chinois d'outre-mer amateur » car il s'habille à l'occidentale et prétend être un Chinois d'Amérique, c'est-à-dire un étranger, pour pouvoir entrer dans le Magasin de l'amitié et les palaces de la capitale. Néanmoins, mon ami n'en a plus besoin car il possède des papiers d'identité de la Banque de Chine certifiant sa nationalité américaine. Tout le monde sait qu'ils sont faux mais tout le monde fait semblant de croire le contraire. Les gardes qui sévissent à la porte du magasin lui tapent amicalement sur l'épaule. Ils plaisantent, parlent de la chaleur étouffante et des filles ; et mon ami leur offre des cartouches de cigarettes. Il est chez lui dans ce magasin et depuis 1979 et l'ouverture de la Chine on l'a toujours connu ici, de mémoire de flic. Il achète et revend au noir dans Pékin les marchandises rares du Magasin de l'amitié. Il rachète aussi les véhicules, les téléviseurs, les réfrigérateurs des diplomates étrangers qui quittent le pays et devraient légalement les céder pour un prix dérisoire à une unité d'État spécialisée.

C'est en allant le rejoindre que l'idée s'impose à moi. A ce stade de ma relation avec ce pays, je dois désormais devenir chinois à part entière. Pour atteindre mon but, je n'en parlerai à personne. Pas même à mes anciens amis chinois ou étrangers. Il faut plonger. Cet après-midi là, je saute mon rendez-vous quotidien du Magasin de l'amitié et je rentre m'enfermer dans mon hôtel-dortoir pour réfléchir.
En Chine, tout n'est qu'apparence. Le pouvoir du sceau appliqué sur un papier est absolu. Il ne se conteste pas et il suffit de posséder le tampon approprié pour qu'un citoyen obtienne ce qu'il désire : un logement, un acte de mariage, des tickets de rationnement, un

☐ Abdul Karali, Chinois, né Marc Boulet, Français.

emploi, un passeport… Sans ce tampon, tout lui sera refusé. A moi aussi. Car comme *ils* le proclament à toute occasion : « *Le pouvoir appartient au peuple. Ce n'est pas un individu qui décide mais la communauté dans son ensemble.* » La communauté en porte la responsabilité et le cachet appliqué sur tout document officiel est le symbole et la preuve de cette décision collective. Dans chaque unité de travail, il existe d'ailleurs un employé – le préposé aux tampons – dont la seule tâche est la surveillance et l'application du précieux objet.

J'ai absolument besoin d'un sceau pour devenir un authentique Chinois, car aujourd'hui si je parle chinois suffisamment bien, si ma technique de déguisement est parfaitement au point, il ne me manque qu'une pièce d'identité dûment tamponnée pour prouver indubitablement ma nationalité chinoise.

En Chine, la « carte de travail » est la pièce d'identité la plus usuelle et les usines et les compagnies les distribuent directement à leurs employés. Parfois, des travailleurs les achètent vierges dans le commerce puis se les font remplir et tamponner par leur unité de travail. J'achète ainsi, sans aucune difficulté une dizaine de cartes de travail vierges dans une papeterie. Je me procure aussi des cutters, des scalpels et du petit bois tendre et serré, et je commence à étudier la gravure sur bois. Il me faudra un mois pour maîtriser cette technique et réaliser enfin le tampon nécessaire pour imprimer ma carte et gagner ma naturalisation.

Renaissant ainsi à l'âge de vingt-six ans, je décide de renaître kazakh.

C'est une autre minorité du Xinjiang, beaucoup moins importante que celle des Ouïgours, et qui présente donc l'avantage, tout en étant connue de tous les Chinois, de rendre nul le risque d'être confronté à un autre de ma race.

J'ai choisi comme unité de travail bidon la « Troupe artistique de Kuqa », un canton du centre du Xinjiang, célèbre pour la beauté de ses femmes. Je serai danseur. Finalement, j'ai jugé cela plus sûr que comédien, caissier ou menuisier car je parie que personne ne me demandera de faire une démonstration de mes talents de danseur.

J'ai eu raison !

En remplissant les fiches d'hôtel, la carte de danseur que je présente attire la curiosité et la sympathie des réceptionnistes. Ils se ruent pour l'examiner. Ils ne rient pas. Ils respectent l'artiste que je suis. Je ne suis plus un métèque. Je m'appelle :

Abdul KARALI
Carte de travail : n° 041.
Age : 25 ans.
Sexe : Masculin.
Profession : Danseur.
Unité de travail : Troupe artistique de Kuqa, Xinjiang.
Domicile : Dortoir de la Troupe.

☐ Carte de travail d'Abdul Karali.

工作证

注意事项

妥善保管，不得涂改，

严防遗失，离职交回。

姓 名 阿卜杜热依木·拉孜 证字 041 号

性 别 男 年龄 25

单 位 新疆库车县歌舞剧团 发证日期

职 务 舞蹈演员 一九九五 年 四月二十三日

☐ Entre Chinois : Abdul (à gauche) avec ses amis Ouïgours à Canton.

Je suis chinois et les Hans m'abordent naturellement. La peur et la réserve inspirées par le métèque ont disparu. Pour eux, je suis un « homme du Xinjiang » *(Xinjiang ren)*. Kazakh ou Ouïgour, ils ne font d'ailleurs aucune différence.

Je suis un artiste et puisque je n'appartiens pas à la pègre du Xinjiang qui opère à Pékin, ils m'offrent à boire et bavardent en ma compagnie. Je les intéresse.

Ils parlent de *notre* Chine et je leur réponds : « Notre pays… » Nous rions aussi des métèques et pour la première fois de ma vie, les Blancs me semblent ridicules avec leur peau de cochon rose, leurs corps velu de singe et leurs yeux de bêtes : yeux de chat pour la couleur, yeux de vache pour la taille. Et, quand ils nous parlent, regardent notre pays, ils nous admirent béatement, aveuglés par leur romantisme historique ou révolutionnaire. Les Blancs sont de grosses bêtes !

Les Hans prennent mon accent français pour l'accent du Xinjiang et ils me félicitent même pour mon chinois car la plupart des hommes du Xinjiang le parlent beaucoup moins bien. Personne ne doute de mon identité.

Au contraire, ils se paient ma tête et répondent à mes questions en imitant mon accent de musulman et de « barbecueteur » de brochettes de moutons.

Parfois, je les entends, ils murmurent que je sens la chèvre. Mais c'est impossible !

J'ai également fait un gros effort pour soigner ma tenue. Casquette, moustache, barbe négligée, tongs, pieds, mains et ongles crasseux. Je porte tous les jours la même chemise en nylon caca d'oie et le même pantalon noir.

Je ne les lave jamais et je commence à sentir la vieille sueur – mais ça n'a rien à voir avec l'odeur des chèvres – et ça ne dérange personne puisque nous sentons tous pareil.

Je supporte mal les fibres synthétiques.

Je n'ai ni chaud ni froid, j'ai chaud et froid et je sue sans raison apparente.

Fièvre qui monte, dos glacé, peau des cuisses, des bras et du torse qui colle au polymachin. C'est exécrable et il me faudra plusieurs mois pour m'y habituer.

J'ai remarqué que mes compatriotes roulent leur pantalon au-dessus du genou pour se rafraîchir les jambes. Je décide de les imiter et je m'en porte fort bien.

Je n'ai plus besoin de perfectionner ma composition. Je n'y pense même plus.

Je suis chinois depuis longtemps.

En marchant, j'ai l'impression que mes jambes sont plus courtes et, en fait, elles le sont, je crois.

Au restaurant, accroupi les pieds à plat sur ma chaise, le froc retroussé, je me gratte les cuisses et je mange.

Et je bâille, et je tousse la bouche ouverte. Je ne me soucie pas de mes voisins. D'ailleurs ça ne les dérange pas. Comme à Makitt, je crache, je me farfouille les narines en public et je m'essuie les doigts sur ma chemise. C'est confortable !

Je connais les cinq choses qu'un Chinois ne dit pas : « S'il vous plaît », « Merci », « Pardon », « Bonjour », et « Au revoir ». J'ai beaucoup de mal à renoncer à ces automatismes hypocrites de Blanc. Voilà mon seul problème ! Peut-être parce que je ne comprends pas pourquoi les Chinois n'utilisent pas ces formules si communes.

La politesse et la courtoisie légendaires des Chinois ne s'observent qu'à l'étranger ou chez les Mao, Zhou Enlai, Deng Xiaoping, ambassadeurs et autres leaders. Il ne faut pas généraliser.

J'ai lu un article instructif sur ce sujet dans le *Guide des femmes* (Éditions scientifiques et techniques du Henan, 1986).

Cela peut surprendre mais nous sommes encore un peuple paysan et nous ignorons les bonnes manières du monde occidental. Il ne faut pas pour autant nous mépriser. Nous avons derrière nous cinq mille ans de civilisation et la radio et la presse le répètent chaque jour.

C'est vrai, nous possédons les cerveaux les plus fertiles de la planète.

La Chine renaîtra !

Si dans certaines villes, la population m'accueille avec gentillesse, dans d'autres elle m'insulte. Ainsi à Ezhou, lors d'un concert pop, des loubards d'une quinzaine d'années n'arrêtent pas de m'interpeller en tapant du pied sur mon fauteuil.

– De quel pays tu viens ? Eh *yakshi* ! (« Salut » en ouïgour).

Ils veulent humilier l'homme du Xinjiang que je suis. Me rappeler que si j'ai l'air d'un Blanc, je ne suis qu'un Chinois et soumis au pouvoir des Hans.

– De quel pays tu viens ? Eh *yakshi* !

Il m'arrive de ne plus supporter ces vexations et j'explose. J'affirme être un étranger.

Mais qui peut me croire, vêtu comme je le suis ?

A Pékin, à Chengdu, j'essaie d'avouer ma véritable origine à des relations d'affaires qui me dénigrent. Ils me rient au nez sans hésitation. Ils me prennent pour un Chinois qui tente de se faire passer pour un étranger et ils me surnomment le « faux diable étranger » comme le personnage du roman de Lu Xun, *la Véritable Histoire d'Ah Q*.

J'ai trouvé un travail.

Du matin au soir, je cours tous les palaces de Pékin.

L'Hôtel des minorités nationales, l'Hôtel Qianmen, l'Hôtel de Pékin, le Magasin de l'amitié… Les gardes me prennent pour un Ouïgour qui joue le « Chinois d'outre-mer amateur » et ils me

☐ Facture d'hôtel d'Abdul Karali à Pékin.

☐ Billet de dix yuans :
en *renminbi* (en haut), en *FEC* (en bas).

COMMENT RENCONTRER LES AMIS ÉTRANGERS

Quand tu rencontres un ami étranger, tu dois être généreux. Sois aimable. Sois poli et civilisé. Dans un parc, dans la rue, ou d'autres lieux publics si tu rencontres un ami étranger, tu peux incliner la tête ou saluer. Dis bonjour. Si l'ami étranger tend la main le premier, te questionne, te parle, tu dois être courtois. Ne sois pas timide. N'essaie pas de fuir. Quand tu parles, tu dois être correct. Quand tu le loues, tu ne dois pas exagérer. Toi-même, tu dois rester suffisamment modeste. Quand tu parles à un ami étranger, d'une façon générale, ne lui demande pas son âge directement. Surtout pour les amies étrangères. Ne l'interroge pas sur son salaire, sa femme, ses enfants. Ne demande pas le prix de son costume et des choses qu'il porte. Tout cela n'est pas poli. Si l'ami étranger veut te photographier en souvenir, ne fuis pas. Si tu n'apprécies pas, tu peux lui serrer la main et refuser poliment. Ne t'attroupe pas autour des amis étrangers, ne les suis pas, ne les montre pas du doigt. Ne parle pas de leur visage, de la couleur de leur peau, de leurs habits. Tout cela n'est pas poli.
(Guide des femmes, p. 484).

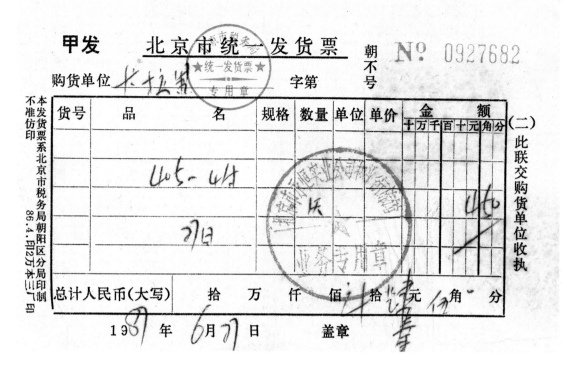

甲发　　北京市统一发货票　　朝不号　　№ 0927682

购货单位 _____　字第 _____

货号	品　　名	规格	数量	单位	单价	金　　　额								（二）此联交购货单位收执
						十万	千	百	十	元	角	分	

总计人民币（大写）　　拾　万　仟　佰　拾　　元　　角　　分

不准仿印　本发货票系北京市税务局朝阳区分局印制 86.4.印2万本

19　年　6月7日　　盖章

中国人民银行　拾圆

SHI YUAN　　1965　　10

中国银行　外汇兑换券

10　　拾圆

ZF 549743　　一九七九年

☐ « Change money ! ». Une Chinoise change au noir les devises de cet étranger.

laissent entrer. Je chasse les cigarettes chinoises, les grandes marques bien sûr ! On n'en trouve pas dans les magasins ordinaires. Si j'ai de la chance, quelques caisses sont livrées au moment précis où je pénètre dans l'un des dix hôtels que je visite chaque jour. Je bondis et j'achète une dizaine de cartouches que je revends dans les restaurants privés et aux petits colporteurs qui trafiquent dans la rue.

Si je suis suffisamment habile, je réussis à payer les cartouches en monnaie du peuple et non en devises comme il le faudrait.

Mon bénéfice triple alors. Je gagne quarante-six yuans (deux semaines de salaire d'un ouvrier) sur dix cartouches de cigarettes *Phénix*, soixante yuans sur les *Dachongjiu* et beaucoup plus sur les *Mudan*, mais il ne faut pas trop compter sur ces dernières.

Je gagne environ trois à quatre cents yuans par mois, soit quatre fois le salaire moyen d'un Pékinois. Cela suffit largement à couvrir mes besoins : les transports, le restaurant et ma note d'hôtel-dortoir où je paie cinq francs la nuit.

Certains jours, je ne trouve rien à acheter. Je dis alors :
– Le business ne roule pas.

Les autres « Chinois d'outre-mer amateurs » que je rencontre toute la journée sur ma tournée connaissent bien cette expression et ils me comprennent immédiatement. Nous échangeons quelques informations et chacun rentre chez soi dans l'attente de jours meilleurs.

Parfois, je traîne dans la rue et je me soûle. Nous, les mâles chinois, nous buvons et nous fumons. Ce sont nos seules distractions.

De plus, depuis que je suis chinois, les femmes se comportent différemment à mon égard.

Quand j'étais blanc, les regards que je lançais aux jeunes filles m'attiraient leurs sourires discrets.

Aujourd'hui l'homme du Xinjiang que je suis devenu ne les intéresse pas du tout. Elles détournent la tête, s'écartent, haussent les épaules et marmonnent agacées : « *Ta ma bi de !* » (« Con de sa mère ! »).

Néanmoins, les Chinois n'ont pas une vie sexuelle minimale et j'ignore qui a colporté cette idée à travers le monde.

Une rumeur aussi admise et erronée que celle qui dit que le maoïsme nous sied.

Les Chinois ne sont pas des extra-terrestres. Comme étranger en Chine puis aujourd'hui dans la peau d'un Chinois, je témoigne que nous ne souffrons d'aucune frigidité mystico-bridée-antico-féodalo-révolutionnaire. Aux heures de pointe, comme dans toutes les métropoles du monde entier, dans le bus ou le métro, des hommes glissent leur main sous la jupe des filles. D'autres se frottent la verge contre leurs fesses, en été, car en hiver elles portent des manteaux. Mes amies se plaignent chaque jour de ces caresses. Selon elles, les plus importuns sont les paysans de passage en ville ■

LES BILLETS DE MONOPOLY

Parallèlement au *renminbi* (la « monnaie du peuple »), il existe une seconde monnaie chinoise : le *FEC (Foreign Exchange Certificate)*, destinée surtout aux étrangers et libellée également en yuans mais convertibles. Cette « super-monnaie » s'apparente dans l'usage à une devise forte et se change comme les dollars américains contre de l'« argent du peuple » au marché noir dans la rue.

Les expatriés français en Chine la surnomment « billets de Monopoly » à cause du glaçage soigné du papier, de l'illustration simple et moins « révolutionnaire » (uniquement des paysages) que celle de l'« argent du peuple ».

RENCONTRES

Janvier 1979.
Pour la première fois depuis la Libération, la Chine et les États-Unis renouent des relations diplomatiques.
Deng Xiaoping entreprend un périple américain et ordonne aux Chinois de s'ouvrir à l'Occident.
La jeunesse soutient le grand réformateur.
Avec enthousiasme, filles et garçons, certains âgés de quinze ans à peine, se regroupent à Xidan et sur la place Tiananmen. Ils descendent l'avenue de la Paix éternelle vers le quartier des ambassades. Ils frappent aux portes des diplomates. Ils ont reçu le message de Deng. Ils obéissent. Ils veulent immédiatement goûter ce fruit si longtemps défendu.
L'Occident en séduit beaucoup et une nouvelle forme de prostitution se développe. Il ne s'agit plus de moments de plaisir monnayés pour cinq ou dix yuans.

Paul, un diplomate sénégalais de trente ans me raconte comment et avec qui il partagea, en cet hiver 1979, son appartement, ses repas, sa solitude et surtout sa musique.
L'avenue de la Paix éternelle est l'artère principale de la capitale. Cinq kilomètres de buildings officiels. Une circulation dense où le klaxon tient lieu de code de la route. Le piéton n'a aucun droit face aux limousines. Les cyclistes coupent brusquement la route, zigzaguent dangereusement dans la lumière des phares avant de s'évanouir dans la nuit.
Paul conduit la Toyota de l'ambassade. Il laisse sur la droite le Club international et s'engage sur le nouvel échangeur. Dépasse l'Hôtel de Pékin et ralentit.
Il scrute les bas-côtés où les promeneurs se tiennent dans l'ombre. Il freine brusquement. Un garçon d'une vingtaine d'années vient de bondir sur la chaussée en lui adressant un signe. Il ouvre la portière, se penche et sourit. Paul incline la tête. Le garçon siffle et une jeune fille sort d'un bosquet. Les deux adolescents s'engouffrent dans la voiture. La portière claque.
La jeune fille s'appelle Ma Yan. Elle a dix-sept ans, peut-être plus. Elle porte un parka et un pantalon bleu. Ses cheveux tirés en arrière sont maintenus par une barrette à fleurs. Elle a le visage plat. Elle sent frais.
Clouée à son siège, Ma Yan dévore le paysage. Pékin est magnifique vu d'une limousine. Paul discute de tout, de rien. Premiers rires. Le garçon s'enhardit et pose deux ou trois questions sur la vie de Paul, sur ses habitudes. Curiosité naïve...
Paul habite la résidence des diplomates. Il entraîne les jeunes gens dans son appartement. C'est propre et parfaitement rangé. Posters reggae et femmes nues aux murs. Encyclopédies aux reliures de couleur vive dans la bibliothèque. Ma Yan et son compagnon

□ L'avenue de la Paix éternelle.

☐ *Qiongya wushuang*, petit bordel dans la campagne de Hainan.

ouvrent de grands yeux. Sept étages ont suffi pour franchir des milliers de kilomètres. Paul branche sa chaîne hi-fi. La voix de Stevie Wonder explose dans les haut-parleurs. Whisky et crackers. Le bonheur ! Ils discutent encore quelques minutes puis le garçon termine son verre et se lève. Pour lui, le voyage s'achève. Il jette un dernier coup d'œil avant de partir. Adieu l'Occident !

A partir de ce jour, Ma Yan partagera la vie de Paul. Contre l'usage de son corps, il la fera vivre en Occident : elle sera nourrie, logée ; elle pourra écouter ses disques, lire ses magazines et vider son bar. Il ne craint pas qu'elle le vole. Elle le respecte trop. Quand il se sera lassé d'elle ou qu'il aura envie d'une autre fille, il la chassera. Elle ne protestera pas. Trop heureuse d'avoir vécu quelques semaines à la mode occidentale.

Mars 1979.
Tout est fini.
Le Printemps de Pékin meurt avec les premières rafles d'étudiants de prostituées et de jeunes qui ont flirté avec l'Occident.
Ils sont durement sanctionnés.
Sans doute ont-ils mal compris la pensée de Deng Xiaoping...

Quelques mois avant le Printemps de Pékin, Hanoi a expulsé les Chinois du Vietnam :
1. Ils s'installent dans le sud de la Chine.
2. Ils se retrouvent sans emploi.
3. Ils traînent dans leurs bagages les traditions chinoises.
Conclusion : Les « Chinois du Vietnam de retour dans la patrie »
ouvrent des bordels pour survivre.

1987. Je les retrouve dans l'île de Hainan.
Les « Chinois d'outre-mer de retour dans la patrie » représentent quinze pour cent des six millions d'habitants de l'île. Palmiers, bananes, mangues, plages de sable coralien et une spectaculaire recrudescence des maladies vénériennes. Les insulaires n'insultent ni ne vénèrent le Kazakh que je suis. Chacun peut faire son trou sur cette terre que les poètes de la dynastie Song surnommèrent le « bout du monde ».
Le gouvernement a parqué les « Chinois d'outre-mer de retour dans la patrie » dans de grandes fermes éloignées de la route. Ils y cultivent le café et l'hévéa. Ils ne sortent pas en ville. Si leur famille restée à l'étranger vient les voir, des minibus spéciaux les conduisent à la ferme. Ce ne sont pas non plus des prisons.
Le 3 janvier, Abdul Karali visite la Ferme des Chinois d'outre-mer de la Prospérité (Xinglong). Le village, son marché paysan et ses magasins d'État vides n'ont rien de particulier si ce n'est la multitude des gargotes vietnamiennes, les bécanes japonaises qui s'alignent au carrefour et un taux de criminalité inquiétant que les autorités reconnaissent ■

INTERVIEW D'UN CHINOIS D'OUTRE- MER DE RETOUR DANS LA PATRIE

L'homme est maigre et vêtu d'un blouson en skaï déchiré.

« Je suis né à Singapour. Je suis arrivé ici en 1958. Le voyage en mer a duré six jours et nous étions cinq mille Chinois de Singapour à bord... »
– Pourquoi ?
« A cette époque nous pensions que la Chine renaissait. Nous étions gonflés d'espoir. La Chine nouvelle semblait formidable et c'était notre patrie. »
« Aujourd'hui, j'ai cinquante-trois ans. Je plante la canne à sucre et le café, et je gagne soixante yuans (soixante-dix francs) par mois.
J'ai un cousin à Hong Kong. Je lui ai écrit plusieurs lettres. J'espère qu'il me répondra et qu'il m'invitera chez lui Je pourrai quitter la Chine pour toujours. »

Il me montre fièrement l'adresse de son cousin inscrite sur un petit papier. Il pense que je ne le crois pas.
Il me demande un yuan pour manger. Il transige à cinquante centimes et finalement en accepte trente...

AUTOPSIE DE BORDELS

Sanya. Ile de Hainan. Hiver 1987.
Des bordels sont installés en face du palais du gouverneur et « la Maison du port du Sud » se trouve dans une rue perpendiculaire. C'est l'endroit le plus sûr car les murs sont mitoyens de ceux du percepteur et l'annexe du bureau de la Sécurité publique est à deux minutes de marche.

Les bordels de la ville ont pignon sur rue et leur enseigne reprend l'idéogramme spécifique employé dans la Chine féodale pour désigner ce genre d'établissement : *Yuan* (parterre) ou *lou* (maison). *Yifang yuan* (le Parterre des parfums), *Leyuanlou* (la Maison du Paradis), *Nanganglou* (la Maison du port du Sud).

Nanganglou donne directement sur le marché aux légumes. La maison ouvre le matin au moment où les paysannes installent devant le porche circulaire leurs tomates et leurs piments.

Une dizaine de filles y travaillent. Elles sont âgées d'une vingtaine d'années et s'habillent et se parfument à la mode de Canton telle qu'ils se l'imaginent à Sanya. Elles paradent fièrement dans le marché. Non pour racoler mais pour frimer. Contrairement aux Pékinois, les méridionaux ne dénigrent pas les prostituées. Ils méprisent avant tout les pauvres.

L'établissement n'a pas de porte, il couvre trois niveaux : au rez-de-chaussée, une salle avec trois tables où les clients peuvent boire de la bière, de l'alcool de riz ou du thé. Personne ne s'y attarde mais si vous insistez, vous pouvez consommer une bière de Qingdao au prix exagéré de trois yuans. Quelques filles traînent là en sirotant du thé avec le *papa san* (le maquereau), le caissier ou le patron.

Quand un client se présente, elles le conduisent au premier étage. La salle est spacieuse. On la verrouille de l'intérieur par une grille en fer.

Mollement allongés sur des lits, on y trinque entre copains, on y déguste du crabe, du serpent ou du poulet pendant que les filles vous tripotent. A cet étage, la bière coûte six yuans. Pour faire l'amour, il faut choisir une fille. Elle vous emmène dans une chambre au deuxième étage ou au rez-de-chaussée. La passe coûte trente yuans (trente-cinq francs). Un tiers revient à la fille, un tiers au patron, un tiers aux flics.

Cet arrangement ne les empêche pas d'effectuer des descentes quotidiennes. Ils peuvent venir jusqu'à trois fois dans la même après-midi. Ils empochent l'argent qui leur est dû, puis insultent le *papa san*, le giflent, le menacent et l'embarquent, pour le relâcher aussitôt le porche franchi.

Nous, les Chinois, nous appelons les flics des *goujincha* (policiers-chiens). Ils aboient et nous terrorisent, ils obéissent servilement aux instructions arbitraires de leurs leaders dont la

□ Deux filles du bordel *Qiongya wushuang*.

□ Le marché, le bordel de la Maison du port du Sud (sur la gauche, porche rond) et à côté le bureau du percepteur (page suivante).

parole sert de loi. Nous sommes absolument à leur merci car chaque citoyen est un coupable en puissance, c'est eux qui en décident. La grille du premier étage sert à les retarder au cas, fort improbable, où ils effectueraient une rafle. Elle laisse le temps au client de se reculotter. De la même manière, les chambres du rez-de-chaussée sont installées derrière la cuisine et les toilettes, dans une vaste hutte de bambous qui donne directement sur le port. C'est pratique quand il faut déguerpir.

Cette hutte est divisée en quatre petites cellules de deux mètres carrés. Les cloisons en contre-plaqué sont tapissées de photos d'actrices et de mannequins. Les hommes attendent au besoin leur tour dans le couloir assis sur un sofa en osier.

Certains soirs, je vois le comptable qui travaille face à la mer, penché sur ses écritures. La maison ferme avant minuit.

☐ Dany au bordel *Qiongya wushuang,* dans la salle à manger.

☐ L'arrière de la Maison du port du Sud.

Dany, un Américain qui est le seul client étranger de l'établissement, aime boire en ma compagnie. Il me parle des marins chinois en permission qui viennent par couple. Ils s'installent au premier étage. Comme ils n'ont pas les trente yuans pour s'offrir une fille, ils se laissent caresser et quand ils sont suffisamment excités, ils sortent se masturber réciproquement dans la cour. Dany est bissexuel et il en parle avec simplicité.

Les Chinois ont une conception de l'homosexualité différente de la nôtre. Que deux hommes qui n'ont pas de femme se caressent, se masturbent mutuellement parce qu'ils n'ont pas l'argent nécessaire pour se payer une pute ne choque personne. Ce n'est pas de l'homosexualité. C'est perçu comme une preuve d'amitié. Dans l'esprit des gens et des flics, il est moins répréhensible de baiser un gamin de huit ans qu'une fillette du même âge.

De même il est moins grave de coucher avec un homme qu'avec une femme en dehors du mariage. L'adultère et l'amour libre sont des crimes punis de prison.

Dany connaît le sujet à fond. Il est apprécié dans tous les bordels de la ville. Il me conseille vivement de me mettre aux petits garçons, ils sont moins chers et tout aussi plaisants que les filles.

Il m'introduit dans le bordel le plus sélect de la ville : *Qiongya wushuang* (l'unique à la pointe de Hainan). Situé à un kilomètre du centre de la ville, non loin de la base navale, c'est une cabane en bois plantée au milieu d'une prairie. Les deux patrons sont aussi les *papa san.* L'un d'eux, un grand maigre, un ancien militaire, entretient des relations suivies avec ses anciens collègues des casernes voisines qui constituent la base de sa clientèle. L'autre, le gros, cuisine avec génie les crustacés, et les cadres en déplacement à Sanya font le détour pour déguster ses fameux beignets de la mer et se payer une des filles. Mercedes noires garées au bas de *Qiongya wushuang.*

Les filles sont plus jolies que dans la Maison du port du Sud. Elles sont plus jeunes aussi, entre quatorze et vingt ans. Ce n'est pas étonnant car « une prostituée doit être jeune ». Elles ont été recueillies ou achetées en bas âge et élevées dans le bordel comme le veut la tradition. Leur condition de pute leur semble normale car elles ne sont jamais sorties de la maison et elles aiment vivre ici. Elles rient, elles chantent, taquinent les patrons et les clients et leur gaieté imprègne la cabane. L'ambiance est familiale mais les prix sont le double des autres établissements de la ville. Les étrangers sont rarissimes, néanmoins ils sont bien accueillis. Même si les patrons et les filles les considèrent comme des métèques, ils ont droit à un prix et un traitement de faveur.

Dany m'en explique la raison :

– Les filles ont envie de se faire des étrangers. Elles sont curieuses de voir tes cacahuètes, de les palper, de les soupeser, de sentir comment ta queue les pénètre car tout le monde sait que celles des étrangers sont les plus grosses et les plus fermes. Elles veulent vérifier. C'est l'attitude très saine de quelqu'un qui désire enrichir son savoir.

Ensuite, celle qui a aimé l'étranger peut jacasser et frimer devant les copines. C'est la reine et pendant longtemps elle monopolisera les conversations, elle décrira les mystérieux organes de l'étranger et la façon dont il les utilise. Elle fait rêver et rejoint le cercle de celles qui font rêver.

Ici, les flics ne frappent jamais personne. Ils passent chaque après-midi et jouent aux cartes avec les filles. Ils les obligent à boire et à fumer. Soudain, l'un d'eux en saisit une par le poignet, la fait lever et s'enferme avec elle dans un des deux salons privés de l'arrière-salle.

Parfois, les filles jouent de la guitare et les *papa san* chantent. J'aime l'établissement et j'y traîne souvent. Nous sommes amis. Abdul Karali ne paie plus ■

□ Les filles et les *papa-sans* de *Qiongya wushuang.*

DISCOTHÈQUES

C'est en 1980 que se sont ouvertes en Chine les premières discothèques.

Quand j'arrive à Pékin en 1981, il en existe déjà trois : celle du Palais de la culture des minorités nationales, celle du Club international et celle de l'Hôtel de l'amitié. Ces établissements exclusivement réservés aux étrangers accueillent également les Chinois d'outre-mer et les compatriotes de Hong Kong et de Macao.

Samedi 24 octobre. 20 heures.

Le Club international est le seul lieu public où peuvent se rencontrer les étrangers. Ils y trouvent un restaurant, un salon de coiffure, une boutique et une salle de cinéma qui, le samedi et le mercredi, se transforme en discothèque.

Les Chinois de Chine populaire sont refoulés à l'entrée sauf s'ils sont en mission. Pour les autres, deux ruses sont possibles : se faire passer pour un Chinois de Hong Kong ou rentrer en compagnie d'un étranger. Il reste à surmonter l'obstacle du prix d'entrée : trois yuans qui doivent être acquittés en devises et représentent environ deux jours de salaire.

Ainsi de jeunes Chinois stationnent devant la grille, prêts à vendre leur corps au premier étranger qui leur paiera l'accès à cette caverne d'Ali Baba.

La prostitution homo et hétérosexuelle qui s'est organisée à la porte de ces établissements n'est que la conséquence de la valeur relative d'une poignée de yuans. Dix yuans ne sont rien pour un étranger, pour un Chinois cela représente une semaine de salaire.

Une fois qu'il a réussi à pénétrer dans la discothèque, le jeune Chinois court un nouveau danger. Les videurs en veste blanche peuvent à tout moment contrôler ses papiers. S'il est pris, le bureau de la Sécurité publique informe son unité de travail et il risque d'être expédié dans un camp de rééducation.

Le prix est lourd à payer pour une soirée en boîte. Au mieux, partager le lit d'un étranger, au pire des mois de rééducation par le travail forcé. Il existe une solution intermédiaire qui semble satisfaire et rassurer chaque partie. Le videur ne dénonce plus le tricheur. Au contraire, il le met à l'aise, il l'encourage à danser et lui ordonne de transiter par son lit ou le jardin public pour récompenser son silence.

Ce sont les pratiques quotidiennes des Chinois qui rôdent autour des palaces et des résidences étrangères pour repérer les Chinoises qui sortent avec des étrangers.

– Ce sont les « *Chinese play boys* », m'explique Asim, un ami pakistanais de vingt ans, fils de diplomate, qui m'a invité ce soir dans la discothèque. Il est 22 heures et la salle est bondée.

Le « *Get up, stand up* » de Bob Marley fait trembler le sol tandis qu'une rampe multicolore clignote furieusement dans le fond de la salle. Une quinzaine de danseurs raides et maladroits se trémoussent sur la piste. Asim reconnaît deux de ses amies. Jinfang et Zijun. Vingt-deux ans et dix-huit ans. La première est couturière, l'autre travaille dans une usine de raquettes. Elles gagnent respectivement trente-deux et dix-huit yuans et viennent ici le mercredi et le samedi pour se prostituer et twister. Elles sont soi-disant coiffées et habillées à la mode de Hong Kong. Leur pantalon rouge et vert à pattes d'éléphant et leur chemisier blanc en nylon ne trompent personne mais les videurs ferment les yeux. Asim les invite à notre table et elles commandent une bière au jus d'orange, le cocktail à la mode. Nous discutons et leur fausse timidité les fait rougir. Le gros diplomate irakien qui dansait du ventre autour d'elles s'impatiente. Il les siffle. Il a payé leurs tickets d'entrée, dit-il. Les jeunes filles secouent la tête. L'Irakien hausse la voix et Asim bondit, poings serrés, prêt à se battre. Querelle entre musulmans, l'un arabe, l'autre pas. La bagarre est évitée de justesse et les jeunes filles restent à notre table.

Une heure du matin, un dernier slow et la discothèque fermera. J'enlace Zijun, je la colle contre moi. Je caresse ses cheveux rêches et collants enduits d'une espèce de gomina. Je l'embrasse. C'est la première fois que j'aime une Chinoise. Elle se goinfre hâtivement de mes lèvres. Sa bouche est si menue.

Ce soir, nous ne pouvons pas faire l'amour. Il n'existe pas d'endroit sûr où nous pourrions nous réfugier.

Le lendemain, je la persuade de me suivre à mon hôtel. Asim et Paul, mon ami sénégalais, nous accompagnent. Dans la rue, un « *Chinese play bloy* » nous aborde. Il regarde Zijun et me dit :

– C'est ma petite sœur, prends en bien soin. Elle ne doit pas rentrer tard ce soir.

Inquiète, Zijun baisse la tête et ne dit rien. L'homme a disparu.

– Il l'a repérée, dit Asim, il la retrouvera et la fera chanter. Si elle ne fait pas ce qu'il demande il la dénoncera à la Police.

Asim et Paul nous aident à entrer dans l'hôtel. Ils nous encadrent pour dissimuler Zijun. Elle tremble car si les concierges la remarquent, ils lui demanderont sa carte de travail. Elle sera immédiatement dénoncée et ira en prison comme cela vient d'arriver à son amie Shuang. Elle enfile le parka de Paul, coiffe ma casquette et nous nous propulsons jusqu'à ma chambre.

Nous voici à l'abri. Asim et Paul nous laissent. Je verrouille soigneusement la porte mais Zijun continue à la fixer avec inquiétude, comme si elle s'attendait à la voir voler en éclats sous la poussée d'une horde de gardes. Nous sommes seuls, étendus sur le lit, à l'écoute des murmures du parquet.

Le lendemain, toujours au Club international, Asim me présente Loulou, une ravissante fille de dix-neuf ans, grande, élégante et exubérante. Elle parle anglais et s'habille en rouge, jaune et vert vif. Très vite, elle me demande où sont les toilettes. Je l'y conduis et je l'attends poliment devant la porte. Elle m'excite et à sa sortie je l'enlace nerveusement. Elle me repousse aussitôt en riant. Elle est choquée. Nous faisons trois pas et soudain, c'est elle qui me saute dessus. Elle m'embrasse et déjà elle se rejette en arrière : un Chinois nous épiait du fond du couloir. Passions !

Elle m'a entraîné dans les jardins du Temple du Paradis mais nous ne pouvons trouver un coin tranquille où nous aimer. Il n'est que deux heures de l'après-midi pourtant, mais tous les bosquets sont déjà occupés par d'autres amants. Finalement je la convaincs de me suivre dans ma chambre.

Elle me surnomme : *Dapizi-dajiba* (« gros nez-gros sexe »). Ça la fait rire. Mon nez et surtout mes sinus la fascinent car les Chinois n'en ont pas du tout. Elle répète sans arrêt :

– *Wo momo !* *Wo momo !* (Je veux toucher ! Je veux toucher !)

Et elle tripote mes sinus, me les malaxe, les caresse, les mesure, les embrasse. Elle m'a demandé dix yuans mais soudain, au moment où je la déshabille, elle sursaute et se redresse.

– Je suis vierge !, s'écrie-t-elle.

Je ne la crois pas. C'est impossible. Elle ajoute :

– Jure de m'épouser ensuite... Jure le !

Je le jure.

Aujourd'hui après toutes ces années passées en Chine, je comprends la réaction de Loulou et de celles que j'ai aimées par la suite. A l'instant précis de l'accouplement, toutes les Chinoises disent cette phrase : « Il faudra m'épouser ! »

Il suffit d'accepter. Surtout ne pas refuser. Nous n'en discutons plus, nous faisons l'amour et après ma partenaire ne reparle jamais de sa demande en mariage. Mon ex-future femme s'en va satisfaite, l'honneur sauf. Les Chinoises sont tendres, rapides, frivoles et s'amusent du sexe avec les étrangers. Avec les hommes chinois, elles sont très réservées. Peur ?... Machisme ?... Elles s'interdisent des caresses sexuelles que leur ami ou leur époux critiqueraient immédiatement : « Tu n'as pas honte ?... C'est sale ! »

Si les lieux et les tarifs ont changé, cette prostitution à l'usage des étrangers existe toujours. La discothèque du Club international a été fermée en janvier 1982. D'autres se sont ouvertes que le Bureau de la Sécurité publique a fermées pour la forme, remplacées à leur tour par de nouvelles salles tout aussi décadentes.

Cette année, si vous désirez une femme, il faut traîner au Magasin de l'amitié, en particulier le samedi dans la cafétéria, mais aussi à l'Hôtel de Pékin et à l'Hôtel de la Grande Muraille (Sheraton). Les prix ont décuplé et, en cet été 87, ce n'est pas du tout une honte de vendre son corps aux diplomates du tiers-monde ou yougoslaves contre l'obtention d'un passeport chinois et d'un visa pour l'étranger. Une simple promesse suffit. C'est la mode et tous les « Chinois d'outre-mer amateurs » veulent pouvoir se vanter qu'ils ont des projets de quitter le pays et les moyens de le faire ■

□ Le bar de l'Hôtel de Pékin.

UNE AGENCE MATRIMONIALE

Canton, novembre 1981. Le Palais de la jeunesse est l'équivalent de nos MJC.

Monsieur Feng, son directeur, me guide.

Des jeunes bavardent sous le porche. En entrant, je découvre un cinéma, et à droite la salle de danse à ciel ouvert. Au centre un platane et au-dessus, dans la pergola, l'agence matrimoniale.

– L'agence a ouvert en octobre 1980 sous la protection de la Ligue de la Jeunesse communiste..., à l'exemple du Comité de la Ligue de la Jeunesse communiste du Bureau d'administration de l'industrie légère de Shanghai qui en août 1980 créa la première *hunyin jieshaosuo* (agence matrimoniale) pour résoudre les problèmes des célibataires timides ou âgés, explique Feng.

Depuis son ouverture, mille personnes s'y sont inscrites : sept cents garçons et trois cents filles.

– Cent couples sont tombés amoureux et dix se sont mariés... Il y a trois jours, nous avons organisé leurs noces collectives.

– Collectives ?

– Pour diminuer les frais. Dans notre pays, il y a des familles qui empruntent plusieurs années de revenus pour célébrer le mariage de leur fils... Nous espérons étendre ces noces collectives à chaque unité de travail.

– Qui fréquente l'agence ?

– Les ouvriers surtout. Les intellectuels trouvent plus facilement un conjoint.

– Les jeunes s'inscrivent-ils à l'agence dans le but sincère de trouver un époux ou bien de draguer ?

– Le plus jeune des demandeurs a vingt-quatre ans, le plus vieux quarante-six ans.

Je répète ma question.

– Les jeunes qui viennent sont très honnêtes car ils n'ont pas beaucoup de vie sociale.

– Comment déposent-ils leur candidature ?

– Cela coûte un yuan, ils remplissent un formulaire avec leur *curriculum*, leurs souhaits et une photo.

Soixante et un pour cent des garçons cherchent une fiancée douce. Dix-neuf pour cent la désirent jolie, vingt-quatre pour cent veulent qu'elle exerce un bon métier, vingt-cinq pour cent qu'elle soit raisonnable.

Quatre-vingts pour cent des filles réclament un garçon qui sache progresser dans son travail, trente-huit pour cent qu'il touche un salaire supérieur à la moyenne, trente-deux pour cent qu'il sache occuper ses loisirs, quarante-trois pour cent qu'il soit strict avec

□ Lundi soir,
le bal de l'agence matrimoniale
du Palais de la jeunesse de Canton.

☐ L'après-midi dans le parc du Temple du Paradis.

lui-même, cent pour cent qu'il exerce un bon métier. Elles recherchent un scientifique, un cadre, un professeur, alors qu'elles-mêmes sont des ouvrières, des conductrices d'autobus ou des vendeuses. Elles jugent que la vie d'une famille de travailleurs est monotone. Elles détestent les divorcés.

Ensuite les physionomistes de l'agence étudient les dossiers et les présentations se déroulent.

– Et si la rencontre se solde par un échec ?

– Nous organisons une autre présentation. Chaque candidat a droit à trois présentations par inscription. Après il faut se réinscrire. Notre travail est d'intérêt national et nous le réalisons avec le maximum de prudence.

Ce soir, l'agence organise comme chaque lundi un grand bal. Une centaine de jeunes sont assis autour de la piste sous les guirlandes lumineuses. Ils sirotent des orangeades, du thé vert, ils croquent des cacahuètes salées. Ils sont élégants et personne ne porte de costume Mao. Couleurs ! Jupes écossaises taillées au-dessus du genoux, chemises bariolées à la Picasso, blue-jeans. Ils ont enfilé leurs plus beaux effets, ils portent un numéro et c'est la seule chose qui compte.

L'averse a cessé et avant que l'orchestre n'entame le premier morceau, une employée de l'agence explique au micro comment danser, « sans bruits, ni excentricités ». L'orchestre entame une valse et quelques jeunes se lèvent pour danser. Mais la plupart restent sur leur chaise. Chacun essaie d'éviter le regard de l'autre. C'est sans doute le meilleur moyen d'avoir une vision panoramique de la salle et de faire son choix.

La première valse s'est terminée et les filles regagnent leurs places. Rubans dans les nattes ; elles rajustent leurs petits nœuds, les peignes soigneusement glissés dans leurs cheveux. La musique reprend.

Guifen porte le numéro 7. Elle s'intéresse au garçon 15. Elle se dirige vers le bureau de l'agence pour se renseigner. Le numéro 15 s'appelle Yongying. Ouvrier métallurgiste, vingt-cinq ans, il gagne quarante-cinq yuans par mois. Elle souhaite le rencontrer. Un fonctionnaire de l'agence le contacte, il lui communique la fiche de Guifen. Vingt-quatre ans, ouvrière, elle mesure six centimètres de moins que lui. Il refuse de la rencontrer. Par contre Yongying demande des renseignements sur le numéro 35.

Ce numéro travaille dans le textile. Elle a vingt-six ans et gagne quarante et un yuans par mois. Elle s'appelle Meiyun. Yongying l'observe depuis le début de la soirée. Le fonctionnaire de l'agence va la chercher.

Elle papote avec deux amies, simple, gaie, n'ignorant pas que les regards se posent sur elle.

Le fonctionnaire parle à Meiyun du numéro 15 ; il lui demande si elle accepte de lui être présentée.

– D'accord, dit-elle en rougissant ■

La jeune fille attend sur une chaise. Le fonctionnaire revient vite avec le numéro 15.

Aussitôt la jeune fille se lève et croise nerveusement ses mains derrière son dos.

– Voici le camarade Yongying… et voici la camarade Meiyun.

– Bonsoir…

– Bonsoir…

Ils se serrent promptement la main et s'empressent de les recacher en vitesse. Chaque fois que leurs regards se croisent, ils les détournent immédiatement. Le silence les habite malgré les tentatives de Yongying de le rompre par des questions dont tous deux connaissent déjà la réponse : Quel âge as-tu ? Où habites-tu ? Le bureaucrate de l'agence connaît bien ce genre de situation et il discute de tout et de rien.

L'orchestre entame un tango. Le fonctionnaire ordonne :

– Allez ! Disparaissez ! Allez danser !

Yongying et Meiyun se mêlent au manège des autres danseurs et la ronde tourne invariablement dans le sens inverse des aiguilles d'une montre. Magie de deux épidermes qui se frottent quand les corps se désirent.

Le tango est fini, Yongying et Meiyun se séparent. Ils retournent s'asseoir chacun de leur côté et derrière ma table, j'entends Meiyun.

Ses deux amies l'interrogent avec ferveur, et elle raconte chaque détail de son entrevue avec Yongying.

Surexcitation. Ça cause. Ça rigole.

– Il est à moitié handicapé.

Meiyun veut dire : il mesure moins d'un mètre soixante-dix ∎

UN OBSÉDÉ SEXUEL PASSE UNE ANNONCE MATRIMONIALE

M., ingénieur, 49 ans, habitant Pékin, passe cette petite annonce dans le journal XX :

Homme, ingénieur, 42 ans, un mètre 63, divorcé, sans enfant, salaire mensuel 110 yuans, cherche femme même sans travail, aucune exigence sur sa zone de résidence. Les personnes intéressées sont priées d'écrire à Monsieur M. 33 allée X, rue X, Dongsi, Pékin. Joindre photo.

Durant cinq mois, il reçoit plus de quatre cents lettres et photos de postulantes de tous âges. Il a étudié la psychologie féminine, il en connaît les points faibles. Il invite plusieurs dizaines de candidates chez lui. Il les régale avec des mets fins, de l'alcool, du thé, il leur donne de l'argent, il jure qu'il les aime, qu'il veut les épouser… et, tel un loup affamé, il leur saute dessus.

Mais toi qui as mangé sa nourriture, accepté ses dons, tu dois rembourser, non ? Tu ne connais personne dans cette ville, peux-tu refuser ? Alors tu te tais…

M. obtient même de X. son leader, un appartement dans un nouvel immeuble et les deux vieux font l'amour avec deux femmes dans un seul lit. Finalement la police arrête M…

Quelques femmes qui ont visité M. :

– une jeune fille de 19 ans du Xinjiang. Elle désire simplement se dévouer à son mari, un intellectuel.

– une fille de 24 ans du Shandong. Elle rêve d'épouser un ingénieur de Pékin. Son père l'approuve.

– une fille de 27 ans du Sichuan. « Je ne peux épouser qu'un ingénieur, un scientifique, un cadre, si vieux soit-il. »

– une paysanne du Hubei de 27 ans. « Je ne veux pas vivre à la campagne. S'il peut m'aider à obtenir un permis de résidence à Pékin, je l'épouserai, si vieux soit-il. »

– une veuve d'âge moyen avec son enfant.

(Collections juridiques, éditions nationales du Guangxi, 1986).

"赶时髦"　江西　徐培德

□ « Suivre la mode » : « S'il mesure moins de 1,80 m, je ne l'épouse pas ».
(Mensuel *Jeunes femmes*, 3/1987).

□ « Choisir » : *(Dans le dos des personnages leur époux rêvé)* un homme viril,
une jeune femme (Mensuel *Jeunes femmes*, 2/1987).

"选择有感"　武汉　李志炎

604，女，36岁未婚，1·59米，沪郊县某中学打字员（就读中专）。欲觅1·70米以上，年37—44岁，大专以上。部队、科研、外语、医务工作者为佳的未婚男子为伴。（丧妻无孩可考虑）。诚者附近照寄清溪新村四村18号301室王同志转。

605，女，31岁未婚，大专，高1·63米。文静端庄。在广州市工作。欲觅38岁以下，高1·70米以上，大专以上学历，事业心强、健康开朗。愿来本市工作的未婚男性为伴（南方人最佳）。信寄广州市大德路117号后座201房张驰转。拒访。

604, sexe féminin, 36 ans, célibataire, 1,59 m, dactylo dans un collège de la banlieue de Shanghaï, recherche un homme célibataire pour devenir son compagnon pour toute la vie, mesurant plus de 1,70 m, âgé entre 37 et 44 ans, niveau universitaire, de préférence militaire, scientifique, spécialiste des langues étrangères ou médecin (un veuf sans enfant peut être pris en considération). Les hommes sincères peuvent écrire chez la camarade Wang qui transmettra. Chambre 301, n° 18, 4ᵉ village, Coaxi Xincun. Joindre photo récente. (Publiée dans *Famille moderne* 6/1987).

△某女，26岁，未婚，高中文化，身高1.66米，品貌端庄、健康、文静、贤淑。诚觅正派、体健，45岁以下、有一定事业基础的海外男士为终生伴侣。有意者信附照寄贵州省轻纺工业厅王可收。

△某女，23岁，高1.57米，未婚，健康，品貌端正，性格温柔，中专文化，略懂英语，某市单位打字员兼会计，觅33岁以下、爱情专一、有事业基础的香港、美国华裔男士为伴。有意者请写简况付近照寄广东茂名市油公司职工医院儿科傅霞收转。

△ femme, 26 ans, célibataire, diplômée du secondaire, 1,66 m, digne, en bonne santé, douce, calme et vertueuse, recherche sincèrement un homme vivant hors de Chine, honnête, sain, âgé de moins de 45 ans et ayant une certaine assise économique pour devenir son compagnon pour toute la vie. Ecrire à Wang Ke, Compagnie d'industrie légère et du textile, Province du Guizhou. Joindre photo récente. (Publiée dans *Yangcheng wanbao*, 24/1/1987).

AMOUR EN CHINE

Il y a dix ou vingt ans, une fille commençait par demander à son prétendant : « Es-tu membre du Parti ? » Les militaires et notamment les officiers étaient aussi très recherchés car le pouvoir, l'appartement et la voiture de fonction représentaient alors la réussite sociale.

Aujourd'hui, les critères ont changé.

« Combien tu gagnes ? », questionnent-elles franchement dès la première rencontre. En outre, elles exigent également que leur partenaire mesure plus d'un mètre soixante-dix. Et sur ce point, elles ne transigent pas.

Joli Nénuphar, ma future belle-sœur, se justifie ainsi :

– Qui voudrait d'un sous-homme ? On se moquerait de moi.

Par bonheur, je frise le mètre soixante-quinze !

Mais que deviennent les sous-hommes ? Joli Nénuphar hausse les épaules :

– Ils épousent des filles de la campagne.

Elles sont impitoyables et je comprends l'inquiétude du jeune Chinois d'un mètre soixante-cinq et ses vaines tentatives pour grandir d'une ou deux têtes. Un article paru dans le *Quotidien du Sud* (23/1/87) donne ainsi une liste d'exercices physiques pour gagner dix centimètres par an !

Par ailleurs, à la campagne, il faut acheter son épouse. Même si une jeune fille accepte de vous épouser, ses parents le lui interdiront sans la perception d'un capital. Depuis 1981, son montant a décuplé et dans le Fujian, à Canton ou à Shanghai, une jeune fille coûte entre trois et cinq mille yuans. Bien sûr, on marchande.

De plus, à la campagne comme à la ville, il faut offrir: des confiseries, une montre, un lit, une armoire, du tissu, deux bagues, une chaîne en or, du poisson, de la viande, et pour les citadins un téléviseur, un réfrigérateur, un radio-cassette et une machine à laver. *Gengenlao!* (Il faut suivre la mode sinon les voisins riront du jeune couple).

Au total, cela coûte huit mille yuans. Soit dix ans de salaire pour un Shanghaien et le double pour un paysan. Ainsi trois de mes amis ouvriers ne sont pas assez riches pour se marier.

Néanmoins c'est vrai, aujourd'hui, les Chinois sont moins pauvres. Surtout grâce au contrôle des naissances. Par contre, si un couple a la chance qu'un enfant mâle naisse de leur union, il devra payer une véritable fortune aux parents de celle qui deviendra la femme de leur fils, vivra chez eux et les soignera. Dédommagement des sommes dépensées pour l'élever. Il faut rembourser « *l'argent pour le corps et la nourriture, pour l'avoir langée et nettoyée, pour l'avoir habillée, l'argent pour la coiffure, pour la première rencontre* », etc.

□ Panneau publicitaire : *Un enfant par couple !*

Nous, les Chinois, nous disons qu'une fille mariée, c'est de l'eau jetée par terre, car qui accomplira à sa place les tâches domestiques quand, après son mariage, elle sera partie dans sa belle-famille ? Ainsi, plus le canton est pauvre, plus la dote est élevée.

Nous disons aussi que l'enfant mâle est la racine de l'arbre généalogique. Les filles ne comptent pas et les bébés femelles peuvent être vendues à des couples stériles pour deux cents ou trois cents yuans. Les parents de ces bébés conservent ainsi le droit de procréer l'unique enfant autorisé par le gouvernement, en espérant que la prochaine fois, ce sera un garçon. Certains vendent ainsi toutes leurs filles tant qu'ils n'ont pas réussi à avoir un garçon pour que la famille puisse alors se perpétuer.

Un oncle de Joli Nénuphar (qui deviendra bientôt le mien) habite à deux cents kilomètres de Pékin. Il est paysan et les récoltes ne sont pas mauvaises. Pourtant il porte toujours des guenilles et vit misérablement dans la même masure de terre cuite qui l'a vu naître. Il n'a pas l'eau courante ni même un puits. Trois fois par jour, hiver comme été, il se nourrit de navets saumurés et de pains cuits à la vapeur fourrés de feuilles d'oignon. C'est l'ordinaire des paysans du Nord. Jamais de riz. Une fois par mois, il achète des légumes verts et de la viande.

Et pourtant il n'est pas pauvre, mon oncle a même acheté un terrain en 85. Mais il a deux fils d'une dizaine d'années et tout l'argent qu'il peut gagner est mis de côté pour pouvoir leur acheter une femme quand le temps sera venu.

Ce n'est pas de l'argent perdu, les paysans achètent leurs femmes comme ils achètent une mule. Ils les traitent de la même façon et leur concèdent les mêmes droits. En échange du travail et du plaisir fournis, ils leur assurent le gîte et la nourriture (des restes, la plupart du temps).

Certains paysans économes pratiquent le mariage échangiste. Sans dot, la fille de A épouse le garçon de B, celle de B celui de C et celle de C celui de A. Ainsi personne ne paye rien. D'ailleurs, dans certains cantons du Guangdong, cinquante pour cent des unions ne sont même pas enregistrées par l'administration.

Tous les mariages sont arrangés par des entremetteurs privés, rétribués ou non.

En ville, où les femmes se sont émancipées, la plupart des couples que je connais se sont néanmoins rencontrés par l'intermédiaire d'une tierce personne. Dans chaque usine, il existe un ouvrier, un camarade, particulièrement doué pour ce genre d'ambassade, qui connaît des partis intéressants et se charge d'organiser la première rencontre. On lui fait confiance… Mes deux plus jeunes tantes, mes beaux-parents, un oncle et ma belle-sœur, Joli Nénuphar, se sont mariés selon cet usage.

Pour ma part, je rencontre ma femme un matin à 8 heures dans la rue en descendant du bus. Je suis perdu et elle m'indique gentiment mon chemin. Nous ne nous séparerons jamais. Gloire n'est pas une Chinoise comme les autres. Elle me

questionne sans relâche sur la France et l'Occident mais ne me demande jamais combien je gagne. Elle ne supporte plus les hommes chinois qu'elle dit sexistes, vaniteux et menteurs... Mais les citadines qui préfèrent un Blanc à un Chinois ne sont pas extraordinaires. Gloire, au contraire, est vraiment particulière. Profondément fière d'être chinoise, encore plus d'être han, elle en bave, comme tous les Hans que je connais quand ils sont poussés à révéler leurs pensées intimes. Ils savent que les métèques sont actuellement plus avancés. Néanmoins, globalement, en considérant toute l'histoire de la civilisation chinoise, ils jugent aussi que les Hans sont des êtres supérieurs. Je le répète : les Hans ne sont pas racistes car leur supériorité est un fait établi et reconnu. Même les métèques l'admettent et la presse les conforte régulièrement dans cette conviction : « *Les Chinois possèdent une intelligence supérieure* » (*Quotidien du soir de Pékin, Quotidien de Wenzhou*, le 11 janvier 1987). Néanmoins, la formidable fierté de Gloire d'être han ne la prive pas de rire de ses compatriotes. Elle se plaît à citer ce vieux dicton : « Les Chinois ne sont que du sable, ils ne peuvent s'unir ».
– Jamais ils ne se révolteront !
Les communistes affirment être parvenus à coaguler le sable et Gloire n'en croit rien.
Je lui apprends ma double identité franco-chinoise et elle devient aussitôt ma complice. Nous ne nous quittons plus et nous décidons de nous marier.
Elle démissionne de l'université où elle étudiait le journalisme et les langues étrangères, et annonce à son père son projet de m'épouser. Elle ne lui demande pas son autorisation, elle l'avertit. Néanmoins, il refuse.
Elle lui réplique : « Je suis libre. Ma vie m'appartient. Moi c'est moi, toi c'est toi. Nous sommes égaux. »
Un enfant, l'égal de son père ! Une femme, l'égale de l'homme ! Depuis ce jour-là, le père ne parle plus à sa fille. L'honneur de son admission à l'université qui avait rejailli sur toute sa famille est effacé par la honte de sa démission et de son mariage avec un métèque.
Il n'est pas question que je rencontre ma belle-famille et pour ne pas les déshonorer en exhibant ma peau de métèque dans la cour du groupe de masures où ils habitent, j'accepte de ne pas leur imposer ma présence.

C'est la fin de l'automne 1986 et, cette année, il fait particulièrement froid. Chaque jour, nous nous rencontrons et nous traînons dans les rues de Pékin. La gorge sèche, les jambes et les bras engourdis, les pieds gelés, nous marchons au hasard. Impossible de nous réfugier chez des amis. Il suffirait qu'un voisin, une vieille du comité des habitants du quartier nous dénoncent pour que la police nous embarque. Et même si nous ne faisions pas l'amour, comment pourrions-nous le prouver ?
Les relations en dehors du mariage sont tout à fait illégales et, de

plus, une Chinoise qui couche avec un métèque ne peut être qu'une putain qu'il faut enfermer et rééduquer.

Prostituées !

J'ai déjà connu ce genre de situation avec d'autres filles... Nous nous promenions dans un parc ou discutions sous un porche et soudain des policiers nous tombaient dessus et nous conduisaient au commissariat.

Prudence, prudence ! Nous ne voulons prendre aucun risque. Le matin, l'après-midi, le soir, nous déambulons dans les rues glacées de la capitale.

Nous réussissons à nous protéger tant bien que mal du froid mais nous devons aussi subir les insultes des passants. Jamais, de ma vie, je n'ai autant été agressé.

Ils traitent Gloire de *yeji* (poule sauvage), de *poxie* (vieille chaussure), c'est-à-dire de salope. Ils lui crient :

– Regarde-toi ! Tu n'as pas honte ? Oser te promener avec un métèque ! Tu perds la face devant le monde entier.

Ou bien :

– Tu n'aimes te faire mettre que par les métèques ! Eh bien, laisse-les te sauter !

Ou encore :

– Une Chinoise avec un métèque, c'est la fin de notre race !

C'est douloureux de comprendre la langue chinoise car en général les Chinois savent insulter et ils ont de l'imagination. Par exemple :

– Un milliard de Chinois vous enculent tous sur la planète !

Si Gloire n'avait entendu tout comme moi cette injure, j'aurais pensé avoir mal interprété. D'ailleurs, si le policier du parc Ritan qui arrête sur ma plainte l'auteur de cette insulte n'est pas choqué, il refuse néanmoins de l'inscrire « texto » dans le procès-verbal et la remplace par des points de suspension. Ce serait du plus mauvais effet pour le savoir-vivre légendaire des Hans de trouver cette phrase dans les annales de la police.

Conséquences de l'ouverture de la Chine... Les Chinois connaissent toujours très rarement une langue étrangère mais des petits malins apprennent désormais à insulter en anglais. Un soir de novembre, près de l'ambassade de France, des adolescents nous hurlent d'un trottoir à l'autre : « *Fuck you ! Fuck you !* ». A deux reprises, je suis même obligé de me battre dans la rue, ce ne m'était jamais arrivé auparavant. Les passants soutiennent l'insulteur, un Han tout comme eux. Ils le ceinturent quand je frappe et le libèrent quand il veut me frapper. Quand finalement, le nez en sang, il s'écroule, personne ne veut m'aider à le traîner au commissariat.

Les flics enregistrent ma déposition avec réticence. Ils veulent surtout connaître la nature de ma relation avec Gloire. Ils tentent de me convaincre que les individus comme celui qui nous a insultés sont des cas isolés, qui doivent être rééduqués. Les Chinois ne sont pas racistes et comme je parais sceptique, le leader

□ Album de famille : Gloire et sa grand-mère, une paysanne du Hebei.

INTERROGATOIRE

Suzhou 1986. Deux jours passés dans les locaux blafards de la section des affaires étrangères du bureau municipal de la Sécurité publique. L'affaire : disparition d'une bicyclette de location.

– Que faisais-tu en sa compagnie ?... Nous le savons, elle n'est pas ton guide... Tu mens... Avoue... Quels crimes as-tu commis ?... Mais si, tu as enfreint la légalité socialiste... Tu l'as reconnu, vous vous êtes embrassés... Avoue, tu l'as pénétrée... Et pourquoi ne l'aurais-tu pas fait ?... Elle a dit qu'elle avait ses règles... Mais as-tu introduit ton doigt dans son vagin pour vérifier s'il y avait bien du sang... Elle a peut-être menti... Et en France... et ailleurs as-tu fait l'amour avec des femmes ?... Et comment ?

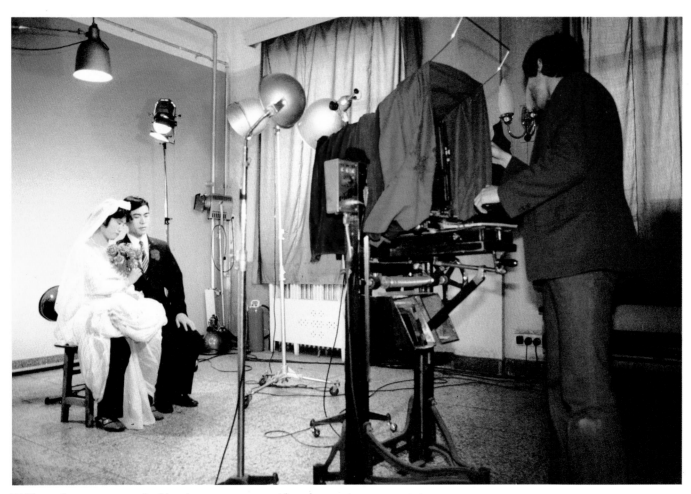

☐ Photo de mariage en robe blanche et costume occidental.
Le studio les loue, le cliché couleur coûte un demi-mois de salaire mais c'est chic et moderne pour accrocher au-dessus du lit.

du commissariat me répond poliment que je n'ai pas compris, et recommence longuement ses explications.

Il n'empêche que les gens nous insultent publiquement et plusieurs fois par jour.

Mon futur beau-frère, Fidèle Prosper, le mari de Joli Nénuphar, ne me cache pas sa façon de penser :

– Si nous n'étions pas parents, moi aussi, en te voyant avec une Chinoise, je voudrais te frapper.

Joli Nénuphar partage cet avis :

– C'est normal qu'on t'insulte. Tu es blanc donc tu es mauvais. Il n'y a pas de solution !

Les Chinois sont peut-être « le peuple le plus fier du monde » – tous les peuples du tiers-monde le sont – néanmoins, je remarque qu'ils ne m'insultent que lorsqu'ils sont en bande ou juchés sur leur bicyclette. Fiers mais pas téméraires.

Gloire prétend que plus ils sont moches, plus ils sont insolents. Je n'en suis pas convaincu.

Heureusement, je n'utilise que très rarement mon identité française et moi, Abdul Karali, les Hans ne m'insultent pas en face. Ils savent que je comprends le chinois et que, contrairement aux Blancs hypocrites, je suis prêt à relever la moindre provocation. Question d'honneur ! « L'arbre a son écorce, l'homme a sa face ! » C'est pourquoi nous, les Chinois, nous nous querellons et nous nous battons aussi souvent.

COMMENT SE BATTENT LES CHINOIS !

Sur la plage deux hommes se disputent. Le plus costaud prend l'autre aux épaules et le propulse à quelques mètres de là. Puis il s'allonge et se prélasse sur son coin de sable chaud. Une heure après, le plus petit revient avec une quinzaine d'amis. Ils se jettent sur le gros qui ne se laisse pas faire. Armé d'un pied de parasol il repousse la meute à grands moulinets féroces. Très vite, il fait le vide et ses agresseurs s'enfuient. Sauf un traînard que le costaud achève en le rouant de coups. Les baigneurs se sont attroupés, ils entourent les combattants. C'est palpitant et personne n'intervient.

Trois jours plus tard, au même endroit. Un homme furieux entre dans un des restaurants qui bordent la plage. Il est armé d'un pieu en bois. Colère ! Il se précipite à une table où deux marins festoient avec l'argent qu'ils viennent de lui voler. Le pieu fracasse la table, fait voler la vaisselle en éclats. Les marins ne demandent pas leur reste et déguerpissent tandis que l'homme hurle qu'il les tuera.

Depuis que je suis chinois, je suis devenu l'homme le plus civilisé de la terre. Qu'un cycliste tombe, que Gloire se blesse et j'éclate de rire. Je ne demande plus : « Ça va ? Tu t'es fait mal ? », mais je ris. Je ris franchement, à gorge déployée.

J'ai appris toutes les insultes : *Cao nimade !* (encule ta mère) *Babi !* (ouvre ta chatte)… et Gloire, à son grand regret, me sent elle aussi tout à fait chinois.

Elle s'en plaint. Elle réprouve ma dégaine, mes attitudes, mon vocabulaire.

– Tu es un vrai paysan.

– Mais non ! Je suis un Chinois. Un vrai Chinois.

– Et tu en es fier ?

– Oui !

Tous les deux, nous nous payons la tête des métèques que nous croisons. Ce ne sont plus des compatriotes. Je ne fais plus la différence entre les Français, les Américains ou les Suédois. Ce sont tous des métèques et je les appelle ainsi. Ils sont différents. Ils sont trop grands, ils ont l'air béat et stupide, ils sentent mauvais ; et leur odeur de sueur acide nous incommode tant dans les transports publics. Néanmoins, ils sont riches et leur existence semble si agréable. Je les jalouse et surtout ils ne méritent pas leur bonheur. Plus tard, dans le courant de l'été 1987, j'en viendrais aussi, comme les autres Pékinois, à les surnommer *yangguizi* (diables étrangers) ■

MARIAGE

Octobre 1986, nous allons nous marier.
L'Office d'enregistrement des mariages du gouvernement populaire de Pékin concernant les affaires étrangères est habilité à le faire. Une femme entre deux âges, froide et sèche, nous reçoit. D'autres couples attendent dans la même salle. Des étrangers avec des Chinoises légèrement plus jeunes qu'eux et des « vieilles » Blanches avec de jeunes Chinois.
L'employée nous demande de remplir un formulaire. Nous devons décrire notre rencontre et préciser si nous avons déjà fait l'amour et, si nous ne l'avons pas fait, ce qui est obligatoire, nous devons le souligner, et signer.
Nous devons également fournir deux photos, ·mon certificat de naissance et de célibat, l'autorisation des parents de Gloire et son certificat de situation maritale.
Mes papiers sont délivrés par l'ambassade de France et ceux de Gloire par une unité de son quartier ou de son district.
Ce n'est pas clair ! Il existe tant de bureaux.

Je dois tout d'abord publier des bans à Paris durant dix jours, et pour cela nous devons effectuer une visite prénuptiale chez le médecin coopérant de l'ambassade de France et une à l'Hôpital de la Capitale pour la Chine.
Pour les examens sanguins, dont celui de la syphilis, un bâtiment de l'hôpital est réservé aux étrangers et aux cadres du Parti. Cela prend dix minutes et coûte dix fois plus cher que pour les Chinois. Eux doivent se présenter à six heures du matin, le mercredi ou le samedi. Ils font la queue une heure et demie et payent cinquante centimes (deux heures de salaire). La médecine en Chine n'est pas gratuite et la Sécurité sociale peu développée. La santé gratuite est un mythe ; comme le plein-emploi (les millions de chômeurs sont appelés pudiquement par les organes de propagande : « jeunes en attente d'un emploi ») et la scolarité gratuite et obligatoire (cinq yuans par an et par enfant à l'école primaire, dix yuans au lycée). Nous devons ensuite faire tamponner le certificat de situation maritale que l'Office d'enregistrement des mariages du gouvernement populaire de Pékin nous a remis. Après plusieurs voyages entre le bureau de la Sécurité publique, celui des Affaires civiles et l'Union de la jeunesse, après avoir attendu et rencontré de nombreux bureaucrates, avoir conclu qu'il nous fallait obtenir le cachet du bureau des Affaires civiles, puis découvert que c'était celui de l'Union de la jeunesse... après trois jours d'enquêtes, nous comprenons enfin que si le permis de résidence de Gloire relève du bureau de la Sécurité publique et ainsi de celui des Affaires civiles, Gloire en « attente d'un emploi » doit aussi appartenir à l'Union de la jeunesse. Je traduis : il faut donc faire tamponner notre

☐ Nous sommes mari et femme !
(page suivante).

feuille par l'Union de la jeunesse puis la faire parapher par le bureau des Affaires civiles. Cela peut sembler relativement compliqué mais il suffit d'être patient et ces quelques formalités finiront par aboutir.

Il nous suffit donc d'obtenir le transfert du *dang an** de Gloire de son université à l'Union de la jeunesse. Encore faut-il découvrir quelle section, quel bureau de l'université détient son *dang an*...

Ensuite, pour effectuer ce transfert, ce bureau réclame à juste titre une lettre de l'Union de la jeunesse et si une telle écriture ne présente aucune difficulté particulière, néanmoins sa production ne saurait même s'envisager pour un individu n'appartenant pas à l'unité ; et comme l'unité ne possède pas le *dang an* de Gloire, elle ne lui appartient pas et son leader ne peut émettre cette lettre afin que Gloire obtienne le transfert de son *dang an* et appartienne enfin à l'unité.

Comme tous les leaders, celui-ci se réfugie derrière la loi. Loi dont il ne peut citer le moindre article puisque cette loi n'existe sans doute pas ou qu'il ne la connaît pas et surtout parce que ce serait inutile puisque dans ce pays, depuis toujours, avant ou après la Libération, la parole du leader est la loi.

A ce point de notre périple, Gloire, incapable de produire son *dang an* n'existe donc plus.

Néanmoins elle ne doute pas de son existence et reste persuadée que nous obtiendrons gain de cause. Ainsi nous nous rendons tous les deux jours au bureau de l'Union de la jeunesse pour nous informer de l'avancement de notre affaire. Trois semaines plus tard, le *dang an* de Gloire est arrivé.

Au total, nous avons réuni dix-huit tampons différents qui nous permettent de déposer notre candidature auprès de l'Office d'enregistrement des mariages du gouvernement populaire de Pékin.

Notre demande est immédiatement refusée.

D'une part, nos photos sont tirés sur papier mat et, d'autre part, l'autorisation des parents de Gloire n'est pas correctement signée. Le fait que les articles 2, 3 et 4 de la Loi sur le mariage adoptée le 10 septembre 1980 stipulent clairement qu'une telle autorisation est illégale n'entre pas en ligne de compte. L'Office l'exige, l'Office l'aura. Nous falsifions la signature litigieuse et deux jours plus tard, la permission nous est accordée. Par qui ? Je l'ignore mais nous l'avons.

Encore deux coups de tampons secs, trois coups de tampons humides, le règlement d'une facture de trente yuans et sans témoins ni autre cérémonie, un fonctionnaire de l'Office nous lit

☐ « Simplifier la bureaucratie » (une des réformes de Deng Xiaoping) : *avant et après*. (*Journal de satire et d'humour*, 20/12/1986).

---

* Dang an : sorte de *curriculum vitae* de tout Chinois dont l'accès lui est interdit et qui est détenu par l'unité à laquelle il appartient. Tout y est inscrit : la date de naissance, les notes scolaires, les appréciations sur son comportement, son travail, sa ligne politique, sa famille, etc. Chaque individu en possède un et c'est assurément le document le plus important pour un Chinois.

quelques articles de la très succincte loi chinoise sur le mariage et nous délivre à 9 h 30 deux certificats de mariages dûment tamponnés.

Nous sommes mari et femme.
Nous habitons chez Joli Nénuphar et Fidèle Prosper dont le père est cadre dans un consortium d'usines de chaussures.
Il a attribué à son fils l'un des logements réservés aux employés de sa compagnie. Un appartement de deux pièces, entrée, cuisine, salle de bains. Ce n'est pas mal pour Pékin. Ils payent cinq yuans de loyer mensuel et nous leur sous-louons une des chambres pour cinquante yuans par semaine.
Mon beau-frère fouille aussi nos tiroirs si nous oublions de les fermer à clé mais ne nous plaignons pas car sans un père cadre, un jeune couple n'a aucune chance d'obtenir de l'État un logement, vieux ou neuf.
Zhang, un ami animateur à Radio Pékin, a vécu dix ans dans le dortoir des travailleurs de la radio. Son épouse logeait dans celui des femmes. Leurs deux enfants vivaient dans le dortoir de leur mère et les deux époux se rencontraient le samedi après-midi quand Zhang priait ses camarades de bien vouloir aller se promener pour qu'ils puissent jouir d'un moment d'intimité. La situation de Zhang n'était pas exceptionnelle et son leader ne lui attribua un appartement qu'en 1985.
Mon beau-frère, Fidèle Prosper, a un visage boutonneux et un caractère assez détestable. Joli Nénuphar le reconnaît volontiers et elle avoue à Gloire qu'elle ne l'a épousé que pour son père. Ma seconde belle-sœur, Beauté, a épousé son mari Vent Fort pour la même raison.
– Chez nous, disent-elles, ce qui compte, c'est la famille dans laquelle tu nais. Si beau, si riche, si intelligent sois-tu, ça ne vaut pas un père puissant.
Celui de Fidèle Prosper a trouvé pour son fils et sa belle-fille deux emplois peu fatigants et mon beau-frère s'octroie au moins un jour de repos supplémentaire chaque semaine. Il s'en vante :
– Je suis électricien dans une usine et mon père est cadre. Je peux m'absenter quand je veux. Je suis intouchable et ils s'écrasent tous devant moi.
Fidèle Prosper a échoué à tous ses examens professionnels mais ça ne change rien à son statut.
De toute façon, le métier d'électricien est un des plus tranquilles qui soit. En général, il y a peu de machines et d'installations à réparer. En équipe de jour, les électriciens discutent le coup et la nuit ils peuvent dormir.
Cette paresse des membres de ma famille n'a rien d'extraordinaire. Dans toutes les usines et les administrations, le personnel est trois fois trop nombreux et les cadences de travail sont relâchées. Les héros du travail sont nommés par les leaders et n'existent que pour orner les vitrines qui décorent l'entrée des ateliers et sauver la face.

Nous sommes installés.

Chaque jour, c'est la course au ravitaillement. Nous aimons répéter les mots d'ordre de la propagande : « Chez nous, la vie est meilleure que dans les pays capitalistes... Nos légumes sont plus variés et ils sont moins chers ». Et si nous devons nous donner du mal pour acheter quoi que ce soit, cela nous semble normal et ne diminue en rien la force de notre argumentation.

Quand le garde-manger est vide, que la faim nous tenaille, qu'il faut cuisiner et trouver quelque chose pour le faire, et cela se produit trois fois par jour, le consommateur doit explorer quatre ou cinq magasins pour s'approvisionner. Ici la viande, là le premier légume vert. Dans une autre boutique, les oignons et les poivrons. Et pour l'ail, les piments, le gingembre, il faut poursuivre la chasse. Quelquefois sans succès. Que je fasse les courses seul ou en compagnie de Gloire, ou même avec Fidèle Prosper – qui se dit très astucieux –, c'est tout aussi long.

Pourtant les étalages sont remplis de biscuits, de conserves, de cigarettes, de pâtes... trop chers, de qualité médiocre et dont personne ne veut.

En dernier ressort, le consommateur peut se rabattre sur le marché paysan mais les prix y sont exorbitants. C'est du luxe et nous évitons d'y recourir. Reste la combine.

Chacun connaît un voisin qui connaît quelqu'un qui négocie de la bière fine, des fruits, une télé japonaise, un lit, de la mousse synthétique, du mouton, des tickets de cinéma. On achète, on revend, on troque.

Le gouvernement certifie depuis toujours que notre condition s'améliore. C'est exact. Je l'ai moi-même constaté entre 1981 et 1987. Mes amis et ma famille, qui réfléchissent toujours en comparant leur vie avant et après la Libération, avant et pendant le Grand Bond en avant, pendant et après la Grande Révolution culturelle, en témoignent aussi.

Ils ont tous soutenu la Grande Révolution culturelle. Et avec enthousiasme ! Je ne dis pas qu'elle fut négative mais « ils soutiendraient n'importe quoi », comme l'affirme Gloire.

Il serait injuste de penser que le communisme est imposé par la force aux Chinois. Ils acceptent leur système et ils y croient, comme les Américains défendent les vertus du capitalisme.

Hier nous brûlions Deng. Aujourd'hui il est, après le président Mao et avec moins d'éclat, le second empereur de ce que nous appelons communément la Chine nouvelle. Ce que nous ressentons comme la nouvelle dynastie chinoise et la première dynastie marxiste.

L'empereur est omnipotent. Il est l'égal d'un dieu. Il ne sort pas de son palais et règne sur le peuple depuis les jardins de Zhongnanhai qui jouxtent la Cité interdite, cette ancienne résidence des empereurs, trop connotée aujourd'hui, mais où le portrait du président Mao trône toujours au-dessus de la porte d'entrée.

☐ Le marché paysan. On y trouve tout. Même du poisson.

FAIRE LES COURSES

Novembre 1986. Pékin.

Rayon de primeur d'un magasin d'État.
Pommes de terre : soixante centimes le kilo (une heure et demie de salaire).
Choux chinois, oignons, navets : trente centimes le kilo.
Haricots en grain : quatre-vingts centimes le kilo.
C'est tout.
J'interroge la vendeuse.
« Tu as de l'ail ? »
« Regarde toi-même. »
« Dis-moi si tu as de l'ail. »
« Je t'ai dit de regarder. Si tu en vois, tu peux en acheter ! »

Rayon boucherie :
Des pièces de porc congelé traînent sur le comptoir. D'autres dans un carton éventré ou à même le sol boueux. Impossible de se faire détailler un morceau ou de se faire préciser de quelle partie de l'animal il provient. Six yuans le kilo de viande maigre (deux jours de salaire), c'est cher et les gens préfèrent le second choix à quatre yuans le kilo. Je repère un paquet d'une livre. La viande est sèche et noirâtre. Je demande bêtement si elle est fraîche, si je ne risque pas un empoisonnement. La bouchère s'esclaffe :
« Si tu as peur de tomber malade, laisse-la. Alors, tu en veux ? »
Je prends.

☐ Dans un magasin.

☐ 36 heures dans l'express Pékin-Canton en « couchettes dures ». Les « couchettes molles » sont réservées aux cadres, les « couchettes dures » aux techniciens et aux intellectuels, les « sièges durs » pour les autres.

☐ Le bus à Pékin.

Deng avait répondu à un journaliste étranger : « Nous ne déplacerons jamais le portrait du camarade Mao Zedong car il est le fondateur de la Chine nouvelle. »

Nous n'en sommes plus aussi sûrs, mais nous savons bien que notre système socialiste ne changera pas fondamentalement dans les décennies à venir. Les manifestations étudiantes de décembre 1986 étaient inutiles et ne nous concernent pas.

Jin, journaliste du *Quotidien du Guangzhou*, lapide ces étudiants qui revendiquent la liberté et le droit à la démocratie. Il affirme : « Les années 1980 sont les meilleures de l'histoire de la Chine. Les gens, las de manger la chair des poissons et le blanc des poulets, recherchent maintenant la tête et les ailes. »

Jin exagère.

Cet été 1987, la capitale et d'autres grandes villes connaissent une grave crise du porc*. Les magasins ne disposent chaque jour que d'une livre de viande pour deux cents habitants, selon le très officiel *China Daily* du 9 juillet. J'habite le centre de Pékin, et effectivement depuis le début juin, je ne trouve plus de viande sur les marchés**. Il y a encore du gras et les gens font la queue pour en acheter. Du poisson – non avarié – il n'y en a jamais eu à Pékin. Néanmoins, sans partager le délire partisan de Jin, je reconnais volontiers que notre niveau de vie a progressé depuis la prise de pouvoir de Deng. Je note cependant que cette amélioration a été constatée dans de nombreux autres pays du tiers-monde qui ne bénéficient pas de la tutelle éclairée du marxisme-léninisme.

Tout est relatif. Il faut comparer la Chine avant et après la Libération, sans pour autant l'isoler de l'évolution générale de la planète. En France, il y a cinquante ans, vous ne mangiez pas tous les jours de la viande ; il y a dix ans, les magnétoscopes étaient rares. Chez nous, il y a cinquante ans, c'était la famine et il y a dix ans, nous ne possédions pas de téléviseurs. Aujourd'hui, nous avons des télés et si nous ne mangeons pas tous les jours de la viande, nous en consommons tout de même.

C'est ainsi et nous remercions Deng de sa clairvoyance comme nous rendions grâce au ciel qu'un Mao Zedong soit né en Chine. Même si les prix ont triplé tandis que nos salaires doublaient, et que nous disons en plaisantant : « Il n'y a que la taille de Deng qui n'augmente pas », nous aimons profondément Deng.

En fait, notre pouvoir d'achat s'est surtout accru grâce à la diminution du nombre de nos enfants. Chaque couple n'a plus droit qu'à un seul enfant.

Fidèle Prosper, comme tous les hommes, fume des cigarettes avec filtre (environ une demi-journée de salaire par paquet) avec ses amis ou dans les transports publics mais il grille à la maison des

* Le bœuf et le mouton sont de tout temps assez rares ; de toute façon, les Hans préfèrent le porc.
** Cette crise s'est encore aggravée. En décembre, les gouvernements des grandes villes ont été contraints de revenir à l'ancienne méthode des cartes de rationnement. A Pékin, chaque habitant a droit à un kilo de porc par mois (viande et gras confondus).

COMMENT MONTER DANS LE BUS

Ils sont vieux, poussifs et toujours bondés. En montant dans le bus, attention de ne pas se faire écraser par la portière que le receveur s'amuse à refermer sur les voyageurs qui se bousculent ! Les conducteurs et les receveurs sont sous-payés et aigris. Comme ils ne peuvent faire grève, durant les hivers 1986 et 1987 ils circulaient à vide en sautant les arrêts pour mécontenter davantage les usagers afin qu'ils protestent et se fassent les porte-paroles involontaires du ras le bol général. Le gouvernement renvoie chaque partie dos à dos. Pas d'argent : on n'achète pas de nouveaux bus, on n'augmente pas les salaires et le service des transports en commun se dégrade.

cigarettes ordinaires (deux fois moins chères). Le Chinois est frimeur : il aime les grosses montres, les cigarettes extra-longues, les chaussures à hauts talons, les briquets laqués, les attachés-cases et se laisser pousser deux ou trois ongles sur une main. La moustache est très recherchée, elle donne un air viril et si quelques poils lui poussent, il aime les conserver. A la ville comme à la campagne, nous sommes de vrais mâles.

Cela complique les problèmes parfois... Joli Nénuphar et Fidèle Prosper, mariés depuis trois ans, n'ont toujours pas conçu l'enfant auxquels ils ont droit et Fidèle Prosper refuse obstinément de faire analyser son sperme. Il est catégorique : « C'est la faute de Joli Nénuphar. » Ma belle-sœur a avorté secrètement quand elle était adolescente, mais Fidèle Prosper ignore tout de ce premier amour, illégal et honteux. En attendant, Fidèle Prosper n'accepte pas que sa virilité soit mise en doute ou vérifiée et le docteur ne peut établir ni diagnostic ni traitement.

Nous préférons encore l'attitude bornée de Fidèle Prosper à celle du frère de Gloire, Célébration de l'Orient, qui menace sa femme enceinte de divorcer si elle accouche d'une fille.

Les divorces pour se remarier avec une tierce personne et obtenir ainsi le droit à un nouvel enfant – en espérant que ce sera un garçon – sont en réalité assez rares. A Pékin, cinq pour cent des mariages se soldent néanmoins par un divorce. En 1986, selon le Bureau d'État des statistiques, 506 000 divorces furent prononcés en Chine. Soixante-dix pour cent à la demande de la femme.

Vingt-trois pour cent des divorces prononcés à Shanghai le sont pour mésentente sexuelle. Pour l'auteur de *L'Art d'aimer de l'épouse moderne* (Éditions de littérature populaire de Chine, 1986), ce pourcentage est une sous-estimation. « *Nous ignorons combien de couples ne veulent pas perdre la face et refusent d'évoquer ce problème.* » Ce même ouvrage publie également une étude sur la fréquence des rapports sexuels des jeunes mariés : vingt pour cent des couples de moins de vingt-cinq ans font l'amour une à cinq fois par mois, quarante-deux pour cent de six à dix fois, vingt-huit pour cent de onze à quinze, huit pour cent de seize à vingt et deux pour cent plus de vingt fois.

En 1985, un gynécologue révélait dans le magazine *Femmes de Chine* que « *durant neuf coïts sur dix la femme chinoise n'atteint pas l'orgasme* ».

Les journaux, les magazines, les livres rappellent régulièrement que l'intensité du plaisir de la femme n'est pas lié à la taille du pénis de son partenaire. « *Grosse ou petite, les différences de sensation sont minimes. Seuls l'amour et une vie harmonieuse comptent.* » (Mensuel *Famille moderne* janvier 1987.)

Il est recommandé à l'épouse d'être patiente et au mari d'être moins brutal. Aux deux, de pratiquer l'acte sexuel en accord avec la science et la morale, et de faire l'amour le soir. « *Ensuite vous dormirez profondément...* » Par contre, dans la journée, ça fatigue. Surtout à l'heure du déjeuner.

COMMENT DRAGUENT LES CHINOIS ?

C'est intéressant. Voire indispensable de le savoir pour être chinois. J'ai donc appris comment draguer les filles hans. Mes amis m'ont enseigné les techniques les plus usuelles et je les applique scrupuleusement. J'aborde les jeunes filles dans la rue, dans les grands magasins ou à l'arrêt des bus et je commence toujours ainsi :

« *Mademoiselle ! Mademoiselle !* » (cette expression bourgeoise donne un air de gentleman et plaît aux filles) « *Tu es occupée ?* »

ou bien :

« *Mademoiselle, mademoiselle, tu es libre ?... Mademoiselle, je t'invite au parc...* »

Je dois reconnaître que ça ne marche presque jamais. Nous, les hommes, nous avons le défaut de nous croire supérieurs et d'imaginer que toutes les femmes sont stupides ou vénales. Mais nous ne nous sentons pas ridicules et nous persévérons. C'est plutôt amusant. Ça tue le temps et néanmoins, ça peut marcher.

Gloire, par exemple, est constamment sollicitée quand elle sort seule dans la rue. Les hommes l'invitent au parc, au cinéma et parfois au restaurant. Elle refuse toujours courtoisement : « *Je n'ai pas le temps... je suis mariée...* »

Il arrive que le dragueur n'accepte pas ce refus poli, qu'il insiste, qu'il revienne à la charge et brandisse une belle liasse de billets : « *Tu veux combien ?... trente yuans ? Ça te suffit ?* »

Même à l'hôtel, Gloire reçoit des propositions par téléphone. Un vieil ami prétend l'avoir reconnue dans la rue et veut l'inviter à dîner ou à déjeuner. Il refuse de donner son nom. Ce sera la surprise !... Il appelle cinq fois dans la même journée et il recommence le lendemain et le surlendemain. Je ne me formalise pas. C'est le sort de toutes les jeunes et jolies Chinoises.

« *C'est normal* », dit Gloire.

Si les désirs sexuels de la femme ne sont pas satisfaits durant une longue période, elle devient irritable, insomniaque et dépressive. Sa santé se dégrade et elle tombe malade. Elle ne travaille plus et se désintéresse de sa famille. *« Quatre-vingts pour cent des femmes insomniaques et trente pour cent des hommes le sont à cause de leur sexualité. »* (*Guide des femmes.*)

Quant aux maladies vénériennes, ce même ouvrage affirme qu'il n'existe malheureusement aucune technique pour déceler immédiatement les personnes atteintes. *« Si vous ne voulez pas être contaminé, la seule méthode est de ne pas fréquenter plusieurs partenaires. »*

Ce serait contraire à la rigueur scientifique de croire, comme le proclame la propagande, que ces maladies ont complètement disparu en 1964, quinze ans après la Libération, dans cette Chine nouvelle restée archaïque et dépourvue d'antibiotiques efficaces. Même en considérant une révolution du comportement. D'ailleurs la propagande n'est pas aussi péremptoire selon qu'elle s'adresse aux Chinois ou aux étrangers et les statistiques sont faussées par le système social lui-même. Mon ami Fidèle au Peuple s'est fait soigner en 85 une chaude-pisse dans l'Hôpital de la capitale. Quand le médecin lui a demandé : «Qui te l'a communiquée ? », il a sagement répondu : «Une étrangère ! » pour éviter des ennuis à son amie han.

Comme la prostitution, les maladies sexuellement transmissibles ont toujours existé. Pire, suite à la politique d'ouverture et à la libération des mœurs, la syphilis et la blennoragie ont progressé et quelques cas de SIDA ont même été diagnostiqués.

Ye Ganyun, dermatologue et cadre du ministère de la Santé, qui écrivait dans le *China Daily* du 20 novembre 1986 : *« Depuis 1964, pas un seul cas de maladie vénérienne n'a été découvert dans les hôpitaux chinois »*, dirige paradoxalement le Comité national de prévention et de soins des maladies vénériennes, qui a ouvert quelques mois plus tard dix centres de dépistage et de traitement à travers le pays. Je n'y comprends plus rien.

Cosmétologie et protection sanitaire, comme de nombreux magazines, publie régulièrement des articles de vulgarisation sur ces maladies. Voici un extrait du numéro 3 de 1987 :

« La blennoragie se rencontre fréquemment dans les hôpitaux ces dernières années. Si elle n'est pas guérie à temps, elle engendre des complications, difficiles à soigner. La syphilis, plus rare, existe aussi et nous devons rester vigilants... Une sexualité confuse est le véhicule de transmission de la syphilis. Son traitement précoce est facile. »

Je n'ai jamais lu d'article prônant la libération sexuelle. Au contraire !

De nombreux amis aiment dépuceler les filles et refusent ensuite de les épouser car ils estiment qu'elles ont perdu quelque chose d'essentiel. Que ce sont également des filles trop faciles. Les magazines appellent ça « connaissance de la psychologie masculine » et préviennent les jeunes filles : *« Les hommes n'aiment pas les femmes qui ont déjà été possédées et elles doivent le savoir. »*

Le *Guide des femmes* précise à la page 38 :

« Des jeunes sont attirés par la sexualité soi-disant libre, à l'occidentale. Protéger la virginité des filles leur paraît une attitude féodaliste. Ainsi nombre d'entre eux ont des relations sexuelles alors qu'ils ne sont encore que des amants. Certains vivent même ensemble. Cet « amour moderne » n'est pas une pensée neuve. C'est l'épidémie de la pensée pourrie du capitalisme. Pensée moralement dégénérée et totalement contraire à l'esprit du peuple chinois. Le peuple chinois a toujours respecté le mariage et condamnera assurément de tels comportements. Ils ne s'accordent pas avec la loi et la morale socialistes. Ce n'est d'ailleurs pas de l'amour et ne peut que le couvrir d'une ombre dont il n'est pas aisé de se débarrasser. »

Nous, les Chinois, nous y croyons et nous savons que vous, les capitalistes, vous êtes complètement décadents. Même si nous reconnaissons volontiers que vos femmes sont superbes et que nous rêvons de posséder des Blanches. Nous disons, par exemple, que les Françaises sont les plus belles femmes du monde. Par contre, les Chinois sont les hommes les plus intelligents.

Le magazine *Les Temps dorés* écrivait en avril 1987 : *« Si tu croises une jolie fille, il est impossible d'affirmer que ton regard ne s'attardera pas sur elle. »*

Pour les hommes comme pour les femmes, il convient donc d'attacher beaucoup d'importance à son apparence pour continuer de plaire à son conjoint.

« Sois un homme, porte un costume occidental. Sois une femme, porte une jupe à la mode. »

« Même les slips influent sur l'harmonie du couple. Selon qu'ils sont propres ou sales, beaux ou laids. » Fini le vaste slip en coton qui pendouille sur le nombril et emballe les cuisses de quatre-vingt dix neuf pour cent des Chinois ! Voici selon le mensuel *Le Docteur à la maison* (octobre 1986), l'art de choisir ses sous-vêtements :

« ... Les couleurs chaudes, rouge, jaune, rose, excitent et rendent heureux. Le gris, le noir, le vert, le bleu sont tristes. Pour un homme, la couleur du slip doit souligner sa puissance et le rose et les couleurs efféminées sont déconseillées... Pour les femmes, le nylon est la fibre idéale. Il moule parfaitement la silhouette. Les dimensions du slip doivent varier avec l'âge. Pour les jeunes, nous conseillons des petites culottes serrées. Ne portez pas de slips trop larges. Ils rendent les hommes et les femmes inattentifs... Un slip se lave tous les deux ou trois jours. Chaque jour en été... »

Tous ces articles sur la sexualité troublent certains lecteurs et ils en profitent pour demander des conseils aux magazines. Une jeune fille écrit par exemple dans le courrier des lecteurs de *Famille moderne* :

« Mon fiancé aime porter des slips de femme. Dois-je continuer à lui prêter les miens ? »

□ 500 millions de Chinoises portent ce slip.

PRÉSERVATIFS

Les préservatifs coûtent cinquante centimes le paquet de dix. Ils sont lubrifiés et fabriqués en 3 diamètres : large (35 mm), moyen (33 mm) et petit (30 mm). Les consommateurs utilisent en général la taille moyenne. Le pénis d'un adulte chinois possède en moyenne un diamètre de 34 mm et mesure en érection 12 centimètres.

Le livre l'« *Art d'aimer de l'épouse moderne* » qui reprend aussi ces statistiques officielles, ajoute, page 36 : *« Même s'il mesure deux ou trois centimètres de plus, il reste normal. Ne soyez pas effrayée par la taille du pénis ! »*

Le « *Guide des femmes* », page 128, donne le mode d'emploi des préservatifs : *« Après l'accouplement, retirez-le, vérifiez qu'il n'est pas déchiré et enveloppez-le dans un chiffon propre. Le lendemain lavez-le et essuyez-le. Ensuite saupoudrez-le de talc et rangez-le soigneusement, prêt à un nouvel emploi. »*

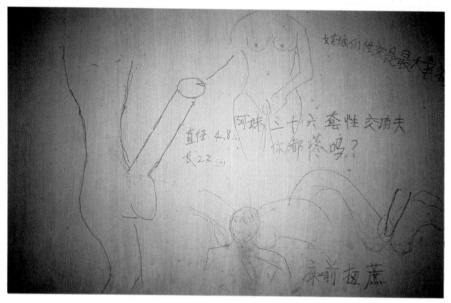

□ Graffitis dans les toilettes publiques, Haikou 1987.

En haut : Esquisse au canif d'un sexe féminin à droite de l'idéogramme indiquant les toilettes des femmes.

En bas : Fresque. « Filles, faire l'amour est le plus grand des bonheurs ! ». « Connais-tu les 36 façons de faire l'amour ? »… A côté du pénis en érection, son diamètre (4,8 cm) et sa longueur (22 cm).

□ Affiche publicitaire d'un médecin « spécialiste du traitement de la syphilis et de la blennorragie », rues des villes de Hainan, 1987.

☐ Entrée de l'exposition sur la sexualité à Haikou.

« *Non !* », répond le médecin du mensuel.

Ces histoires nous intéressent beaucoup mais les auteurs de certaines lettres devraient avoir honte de dévoiler ainsi leur vie intime. Par exemple :

« *J'ai un secret. Je suis une jeune institutrice en milieu rural et mon mari est militaire. Il travaille loin et chaque fois qu'il revient à la maison – à peu près une fois par an – je suis heureuse mais inquiète. J'ai peur qu'il ait envie de faire l'amour. Je suis fragile et ça me fait mal. Puis-je refuser ?* » (mensuel *Jeune génération* 5/1986).

Depuis deux ans, les gouvernements de nombreuses villes organisent régulièrement des expositions sur la sexualité et nous aimons les visiter.

Visite de l'exposition sur la sexualité organisée par l'Académie des sciences de Haikou du 26 décembre 1986 au 3 janvier 1987.

Le ticket d'entrée coûte cinquante centimes (environ deux heures de salaire). Une quarantaine de visiteurs, tous masculins, circulent sagement dans la salle. Au mur sont suspendus des grands tableaux sur des sujets variés :

Recettes aphrodisiaques : pour les jeunes mariés qui souffrent de frigidité ou d'impuissance : frire 250 grammes de viande de chien avec 50 grammes de haricots noirs de soja. Pour ceux qui copulent trop et se sentent un peu faibles : frire 250 grammes de viande maigre et 50 grammes de cresson, saler et arroser d'alcool de riz. Pour conserver sa puissance sexuelle, l'époux avalera après chaque accouplement dans un verre d'eau sucrée, deux cuillères à soupe de cette préparation : frire une livre de coquilles de noix et une livre de graines de sésame puis broyer.

Mésentente sexuelle : essayer de vous caresser et de prononcer des mots tendres.

Homosexualité : c'est une maladie mentale. Les organes d'un homosexuel sont normaux mais sa conception du sexe est anormale et il lui est impossible de vivre avec une personne de sexe opposé. Dans les couples homosexuels, masculins ou féminins, en général, un seul des partenaires est véritablement homosexuel. L'homosexualité provoque l'hépatite B et le SIDA. L'homosexuel doit respecter la loi et ne pas nuire à autrui. Si vous êtes homosexuel, consultez un psychiatre.

Masturbation : c'est une pratique extrêmement néfaste ! Elle peut vous rendre impuissant ou endommager vos organes (tout particulièrement ceux des femmes). De plus, elle épuise et rend irascible. Si vous la pratiquez, vous devez arrêter. Vous avez déjà essayé sans y parvenir ? Voici quelques directives :
– Tout d'abord, étudier l'idéologie communiste.
– Eviter, pour les garçons, de désirer trop jeune les filles.
– Pratiquer un sport.

Virginité : prenez en soin. Si vous la perdez prématurément, vous en serez malheureuse et blessée ou vous nuirez à la société.

Au centre de la pièce, sur une table, sont exposés des avortons, des pénis, des vagins et un sein cancéreux conservés dans le formol ∎

ZHANG QIANG, ROCK STAR

C'est la plus grande chanteuse du monde.

J'entends son dernier tube dans tous les magasins, toutes les gargotes, tous les trains et toutes les gares.

« Ne sais-tu pas que je t'aime ?
Reviens ! Je pense à toi,
Mon amour ne changera jamais. »

C'est Zhang Qiang.

Elle est la première star nationale de rock et nous l'adorons. Les ouvriers, les soldats, les étudiants, les adolescents ne parlent que d'elle.

Partout, dans la rue ou à la maison, nous fredonnons ses mélodies, qui possèdent cette qualité simple de se graver instantanément dans les cœurs.

Elle est de Shanghai, dit-on. Elle est la plus belle... La plus sauvage... Elle pulvérise tous les records de vente de cassettes (le seul moyen de reproduction audio en Chine).

Je file à Shanghai. Impossible de la rencontrer. C'est un mythe. Tous les distributeurs de cassettes que je rencontre m'affirment qu'elle n'est pas shanghaienne. Ils pensent qu'elle doit habiter Pékin.

En fait, ils ne sont pas sûrs et les rumeurs les plus folles courent à son sujet.

Je poursuis mes recherches à Pékin et, finalement, le producteur de sa dernière cassette me griffonne sur un bout de papier une adresse en banlieue.

C'est celle du Dortoir des studios cinématographiques de Pékin. C'est là que résident les acteurs, les réalisateurs et les techniciens du cinéma chinois. Un endroit sale et sinistre.

Zhang Qiang y partage deux pièces avec sa mère, son beau-père, son frère, son grand-père et... tous ses chats.

Ce samedi matin, il gèle dans les couloirs mais l'odeur des excréments et des ordures qui s'y amoncellent mè prend à la gorge. Obscurité totale. Néanmoins, j'entends les locataires cuisiner et uriner devant leur porte.

Je frappe à celle de Zhang Qiang.

Sa mère m'ouvre et m'accueille chaleureusement. Elle m'invite à entrer.

– Personne ne peut imaginer que la célèbre Zhang Qiang vit dans un tel taudis, me dit-elle.

Zhang Qiang accourt. Moulée dans un justaucorps rose, une veste de fourrure blanche négligemment jetée sur les épaules, des yeux de panthère, maquillée à mort, la star est absolument ravie de me

□ Zhang Qiang, mégastar, plus grande chanteuse du monde.

91

voir. Nous nous asseyons et elle me raconte son aventure en riant de tout.

Sa carrière a débuté en octobre 1984 au cours d'un crochet amateur organisé dans le « Stade de la capitale ». Ce fut un triomphe.

– Je n'avais que seize ans, mais les compagnies phonographiques qui se multipliaient à cette époque en Chine m'ont aussitôt proposé un contrat...

Pour deux mille francs, elle signe en janvier 1985 avec un producteur du Yunnan pour enregistrer sa première cassette.

– Il en a vendu aussitôt deux millions d'exemplaires... Deux millions ! C'est un jeune directeur, très audacieux. Il a investi quarante mille dollars de l'État pour acheter du matériel d'enregistrement occidental. Il me répétait toujours : « Si je ne fais pas d'argent avec ça, c'est sûr, j'irai en prison ! »

Il a vendu deux millions de cassettes mais il n'a jamais versé la moindre royaltie à la jeune chanteuse.

– C'est toujours comme ça. Je touche un salaire pour enregistrer la cassette et ils me promettent des droits si les ventes dépassent le million d'exemplaires. J'attends toujours...

En fait, cela ne l'intéresse pas vraiment. Étonnant ! Tous ses producteurs sont des fonctionnaires et l'escroquent néanmoins sans vergogne. Elle est si jeune, si naïve...

En 1985 et 1986, elle a enregistré quinze albums et vendu plus de douze millions de cassettes. Plus que Michael Jackson ! Plus que Stevie Wonder ! C'est incroyable !

Elle m'énumère patiemment :

– La première, deux millions. La deuxième, un million. La troisième, six cent mille. La quatrième, un million trois cent mille...

A dix-huit ans, elle est la « rock star » qui vend le plus au monde. Et sans aucune publicité, aucune promotion. Elle est jugée trop décadente par les autorités et ses chansons ne passent jamais à la radio ni à la télévision.

Je lui demande :

– Alors aujourd'hui, tu es riche ?

– On peut le dire... Pour chaque cassette, je touche dix mille yuans (onze mille francs).

C'est beaucoup d'argent. Cela représente dix ans de salaire d'un Pékinois moyen qui, par ailleurs, doit travailler deux jours pour se payer une cassette de musique. Je lui demande comment elle dépense tout cet argent et pourquoi elle vit encore dans ce taudis du « Hollywood chinois ».

– Si j'avais vendu autant de disques en Occident, j'aurais déjà (elle insiste) ma PROPRE maison et une voiture. Ici, c'est différent. J'ai un appartement en vue mais je dois encore économiser... Tu sais, moi, la fourrure, c'est ma folie. Avec l'argent que je gagne, je m'achète des fourrures. Ma prochaine cassette me paiera exactement le manteau de bébé phoque que j'ai repéré au Magasin de l'amitié. C'est le plus cher du magasin !

Zhang Qiang – dont le prénom signifie Rose – respire la joie de vivre. Elle m'éblouit et je me sens merveilleusement bien avec elle.

Je lui rends visite tous les jours, chez elle ou au studio d'enregistrement et nous sortons nous promener dans les rues et faire des courses.

L'effet « Ziang Qiang » est surprenant. La foule s'écarte sur notre passage et un cortège d'admirateurs se forme derrière nous. Ils nous suivent, nous sourient, nous ouvrent les portes des magasins. Les murmures se multiplient, s'enflent et résonnent à l'infini : « Regarde ! C'est Zhang Qiang ! Regarde… c'est elle ! »

Soudain sa célébrité lui pèse mais elle ne se laisse jamais abattre et au milieu de la foule, elle rit, elle saute de joie, pousse des cris et me chante son dernier tube :

« Cela ressemble à un rêve.
Nous nous connaissons depuis si peu de temps.
Tu fus comme une rafale de vent printanier
Qui souffla mon cœur doucement, légèrement.
Maintenant, où es-tu ? »

Elle chante rock mais ses chansons ne parlent que d'amour.
– Parce que, dit-elle, sérieuse, c'est la chose la plus importante de la vie…

Régulièrement, plusieurs fois dans l'après-midi, Zhang Qiang s'isole dans les toilettes d'un des palaces que nous visitons. Elle

□ Zhang Qiang, quinze cassettes, douze millions d'exemplaires.

□ Cao Yu.

□ Zhang Qiang.

□ Liu Huiyi.

court retoucher son maquillage. « Zhang Qiang, mégastar, plus belle femme du monde, doit essayer d'être la meilleure chanteuse du monde ! » répète-t-elle.

– Moi, je n'ai plus de vie privée. Regarde ces garçons qui viennent de me siffler. je ne leur répondrai pas. Je déteste ce genre qui interpelle les jolies filles dans la rue. Écoute maintenant ce qu'ils crient : « Eh ! Zhang Qiang ! Retourne baiser ta mère ! » C'est ainsi. Les hommes chinois sont si violents et si vulgaires avec les femmes… Les gens m'adulent mais ils n'imaginent pas que j'ai une vie privée : je leur appartiens !

Chaque semaine, elle reçoit plusieurs lettres de demande en mariage.

Elle ne les lit plus. Elle les brûle.

Nous courons de magasin en magasin à la recherche de nouvelles babioles. Avec Zhang Qiang, le shopping est une fête. Elle possède l'art difficile d'acheter ces bricoles inutiles qui, parce qu'elles sont belles et attrayantes, deviennent soudain indispensables. Elle aime l'aérobic, rêve de Rod Stewart et sirote du Coca tout en mâchant du poisson séché, un renard bleu enroulé autour du cou. Sa fureur de consommer, de jouir de la vie et des produits lui vaut son incroyable succès.

Les jeunes Chinois se reconnaissent en elle. Ils la chérissent et ils l'envient.

Son look, voilà la seule et formidable différence avec les autres chanteurs chinois car tous piratent, y compris Zhang Qiang, les mêmes succès taiwanais, japonais ou américains.

Son art n'est guère marxiste et je lui demande si les autorités ne lui créent pas d'ennuis.

– Ils essaient. Ils épluchent tous mes textes, mais ils ne trouvent rien à censurer… Alors, ils me réclament de nouveaux impôts.

– Deng Xiaoping, par exemple, connaît ton nom ?

Elle esquisse une moue positive.

– Je crois. L'an dernier, son fils m'a fait chanter en faveur de l'Association des handicapés de Chine, dont il est président.

Jour après jour, je découvre le mythe qui se construit autour de la première super rock star chinoise. Je l'interroge sur ses origines shanghaiennes.

– C'est une rumeur sans fondement. Je n'y suis même jamais allée. J'ai toujours vécu ici, avec ma mère. Les gens disent aussi que je suis la sœur de Zhang Xing… Il l'a lui même affirmé et ça a été repris dans la presse, par les disquaires. Or, je ne l'ai jamais rencontré.

Zhang Xing, vrai chanteur shanghaien, a enregistré une seule et unique cassette. En 1985. Il imitait à la perfection la vedette taiwanaise Liu Wenzheng. Selon la tradition chinoise, l'innovation n'étant pas une qualité et le meilleur artiste étant celui qui reproduit le plus fidèlement les « classiques », la voix et la cassette de Zhang Xing *« Il y a plus d'un moyen de s'en tirer »*, se répandirent en quelques semaines à travers tout le pays. Il devint aussi célèbre que Zhang Qiang, jusqu'au jour – le 11 novembre 1985 – où la police l'accusa de hooliganisme et l'arrêta. Aujourd'hui, les chroniques judiciaires rapportent qu'il fut inculpé pour avoir fait avorter neuf fois ses deux amies...

– Il a été condamné à plusieurs années de prison et privé à vie du droit de chanter. Selon des amis de Shanghai, m'explique Zhang Qiang, il s'est suicidé.

Elle-même évite de penser. Elle ne parle jamais politique et refuse d'imaginer son avenir.

Elle dit simplement que Reagan, Gorbatchev, Deng et consorts ne sont que des êtres humains, comme elle-même, mais bien vieux, bien laids ; et il est difficile de leur vouer un véritable culte quand on aime la beauté.

Si Zhang Qiang reste la seule rock star nationale, il existe, par contre, des milliers de chanteurs qui se produisent dans les discos, les salons de thé et les bars qui se sont ouverts ces six dernières années dans toutes les villes chinoises.

Discos de province, guitares désaccordées, grosses caisses de fortune, les couples valsent et tanguent en ordre sur la piste. Les garçons avec les garçons, les filles avec les filles. Je fais banquette...

Un jeune homme s'approche. Il m'invite poliment :

– Veux-tu valser avec moi ?

Comment refuser ?... Et, nous voilà enlacés dans un slow.

A Shanghai, il existe officiellement cent dix chanteurs dont quatre-vingt-dix-huit sont des femmes. Elles sont rénumérées comme de quelconques travailleurs : cent francs par mois... et se plaignent que personne ne les respecte :

– Nous ne trouvons pas de maris, m'explique Lili. Les gens me prennent pour une prostituée et les leaders de mon quartier me critiquent parce que je chante la nuit dans un salon de thé.

A Canton, à cent kilomètres de Hong Kong, tous les palaces, tous les grands restaurants possèdent leur disco.

Dans les vitrines, les noms des vedettes locales scintillent en lettres dorées et chaque établissement surenchérit sur les néons, les lasers, et la fumée...

Les directeurs se font la guerre pour attirer les clients qui doivent payer en devises l'équivalent de cinq jours de travail une place dans les premiers rangs.

Le groupe des « Lychees rouges » avec les voluptueuses Cao Yu et Liu Huiyi tranche sur le lot.

Elles sont adulées et gagnent un salaire mensuel fort honorable de cinq cents yuans (six fois le salaire moyen). Je leur parle de Zhang Qiang.

Elles la jalousent, la dénigrent... puis, très vite, elles rêvent. Et si demain, pour elles, le miracle se reproduisait : vendre douze millions de cassette et devenir la plus grande chanteuse du monde ∎

□ Disco à Canton.

GASTRONOMIE

Canton, 1981.
Mille gargotes envahissent les ruelles.
Nuit humide.
Nuit tropicale.
Les hommes sont attablés dehors.
Ils causent, ils refont le monde.
Quand le patron m'aperçoit avec mes guides, il refuse de nous installer avec les autres clients.
Il nous entraîne à l'intérieur.
Murs salpêtreux, toiles d'araignées.
Dans un coin, unique symbole de notre époque, un gros réfrigérateur blanc ronronne.

Il nous fabrique une table de fortune et nous sert le thé. Par terre, dans la boue, son fils débite le tronc d'un chien sur du papier journal.
Par moments, il éprouve des difficultés à trancher les os.
Le hachoir glisse et la moelle jaillit. Il ne s'énerve pas, il s'applique et tire sur son mégot.
Mes guides me vantent les vertus de la viande de chien.
– Elle est très nourrissante, bourrée de calories. Nous la mangeons les soirs d'hiver car elle nous réchauffe, elle est recommandée pour les gens faibles...
Ils parlent avec respect de cette chair réservée aux hommes.
Le patron pose sur la table des baguettes, des cuillères, des bols et un petit feu de charbon de bois. Devant nos yeux passent les cadavres des chiens ébouillantés dont les muscles deviennent alors faciles à décortiquer.
J'essaye de deviner la race des bêtes à la forme des pattes et des ongles.
Un setter ?
Le patron nous apporte un pot de grès où le chien baigne dans son jus.
Nous faisons cuire des feuilles de laitue dans le ragoût.
J'étudie le savoir-faire de mes guides. Ils roulent les cubes de viande dans la salade cuite.

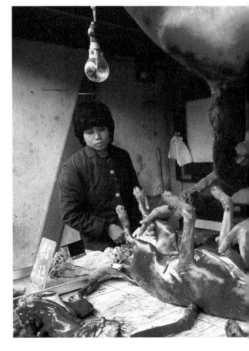

Ils se régalent.
Après un moment d'hésitation, je les imite.
Le chien a la consistance du bœuf et un parfum de gibier. Ça ne ressemble à rien que je connaisse mais à mesure que nous mangeons, la chaleur de la bête se répand lentement dans mon corps.
Nous terminons ce repas avec des nouilles de riz cuites dans le reste du jus.
La nuit promet... ∎

□ Restaurant de tortue.
□ Boucherie canine.
□ Marchand de lombrics.
□ Restaurant de chien (page suivante).

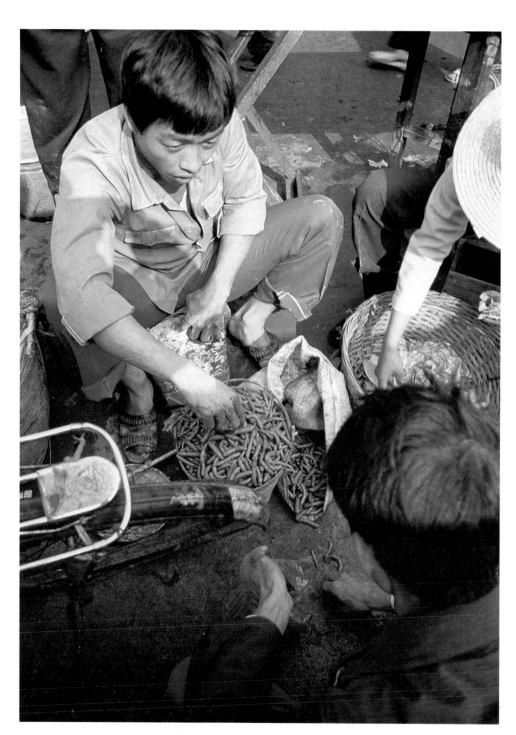

☐ Beidahe, été 1986.

À LA PLAGE

Les deux Toyota brûlent l'asphalte et se font la course à travers la campagne grise qui conduit à Beidahe. Chang Ri aime le luxe et se refuse à prendre le train. La veille, il a fait voler à Pékin ces deux voitures.

Le trafic des cigarettes marche bien depuis plusieurs mois et il a décidé d'offrir à toute sa bande un week-end à la mer avec des filles. Il m'a également invité.

Beidahe est une plage de rêve où Mao venait méditer. Elle est réservée aux cadres, aux héros du travail et aux étrangers.

En Chine, les vacances n'existent pas et, théoriquement, il est impossible de séjourner à Beidahe sans une invitation de son unité de travail. La semaine en pension complète coûte cent yuans, plus d'un mois de salaire. Tous les hôtels affichent complet et nous n'avons bien sûr pas d'autorisation. Néanmoins quelques cartouches de cigarettes font l'affaire. Les concierges d'un hôtel se laissent soudoyer et nous procurent des chambres.

A peine installé, à bas les pantalons !

Les maillots de bain, les serviettes, l'ombrelle, le ballon, les bières, les talkies-walkies, les Malboro et nous déboulons sur la plage comme une horde de gamins surexcités.

Chang Ri est déjà dans l'eau. Toute la bande lui tombe dessus. Il boit la tasse.

Hurlements et rires !

La plage n'est pas longue. Peut-être cinq cents mètres. Plusieurs milliers de baigneurs s'y serrent au coude à coude et bronzent. La peau des Hans craint le soleil. Néanmoins, ils n'utilisent aucune crème solaire et se font dorer du matin au soir. L'important est de pouvoir frimer au retour devant les copains et les collègues et prouver qu'on est parti en vacances.

La moitié des baigneurs sont en chemise, robes ou pantalons retroussés, les autres en maillots de bain... tous identiques. On les loue sur la plage pour cinquante centimes. Aussitôt rendu, un nouvel estivant le reloue encore humide et tiède de la chaleur du précédent client.

Pour les hommes, ce sont des slips pendants, à larges rayures. Pour les femmes, des barboteuses une pièce, rouges ou bleues, garnies de jolis frous-frous.

Tout le monde se ressemble, tout le monde est heureux. On loue le même matelas pneumatique et on y grimpe à plusieurs. Et tout le monde barbote, court dans l'eau, suce des esquimaux, achète des colliers de fausses perles, flirte et se goinfre matin, midi et soir, sur la plage ou dans sa chambre d'hôtel, des fameux crabes bleus de Beidahe.

On joue au cartes, on s'enterre dans le sable chaud. On fume des Malboro. On boit des orangeades. On pêche des moules. On fait la queue pour se balader en vedette. On fait pipi dans l'eau, on essaie de flotter car nombreux sont ceux qui ignorent la natation... et les filles éclaboussent les garçons et ils leur font boire la tasse. Photo !

On adore ça. La cinquantaine de photographes professionnels qui arpentent les rochers, le sable et la mer, ne chôment pas. Entre deux vagues, ils nous interpellent et nous proposent, catalogue à l'appui, d'immortaliser ces vacances inoubliables grâce à un de ces trucages où la surimpression et le flou touchent au délire.

Ils descendent de Mandchourie pour la saison. Ils vendent chaque photo pour le prix d'une journée de salaire et repartent chez eux, à la fin septembre, les poches pleines.

La plage des étrangers a été aménagée à côté de la plage publique et est interdite aux Chinois. Elle est cloturée sur terre, par des cordes et, dans l'eau, par un profond filet.

Après le bain, les touristes aiment s'agglutiner contre la clôture et contempler avec curiosité et amertume cette belle plage déserte où quelques métèques et des cadres chinois se prélassent.

Des audacieux tentent bien de sauter par-dessus la clôture mais ils sont repoussés sans ménagement par les gardes. D'autres, plus malins, cherchent un arbuste. Assis à l'ombre, ils espionnent toute la journée avec des jumelles les Blanches en bikini. Ils viennent chaque jour et leur manège ne nous étonne pas.

Plus au nord, à un kilomètre de là, des militaires armés surveillent la plage réservée aux chefs de l'État et du Parti. Trois filets tendus parallèlement dans l'eau les protègent d'éventuels terroristes ∎

□ La clôture de la plage des étrangers. La pancarte dit : « Touristes (chinois) n'entrez pas SVP ».

□ Location de maillots de bain, de matelas pneumatiques, de bouées...

□ Chang Ri.

□ Photographe professionnelle.

107

□ Cadres en vacances aux bains de mer.

 Parc d'attraction de Canton.

C'EST DIMANCHE !

On promène bébé au parc. On se bécote dans l'herbe. Les pédalos tournent et les bateaux tamponneurs caracolent.

Ça photographie !
On file au zoo. On lèche les vitrines des grands magasins. On fait la queue derrière les space-invaders. On bouffe des glaces. On achète de la viande, on cuisine des petits plats et bébé mange les meilleurs morceaux.
On regarde la télé.
C'est la fête ■

☐ « Disneyland chinois » à Shenzhen.

□ Un enfant par couple : en Chine l'enfant unique est un « bébé roi ».

TÉLÉVISION

A Pékin je reçois quatre chaînes de télévision.
Au programme : cours d'anglais, matches de football, documentaires, dessins animés japonais, opéras chinois, informations, chants et danses exécutés par la Troupe artistique du département politique de la Marine, téléfilms chinois, feuilletons japonais, mexicains ou américains, quelques films étrangers...

1. Le journal (musique).

2. Bonsoir ! Selon un communiqué du Bureau politique du PCC, Hu Yaobang a démissionné du poste de Secrétaire du Parti.

3. Des députés en séance de travail critiquent la libéralisation bourgeoise. "Adhérons aux Quatre Principes Cardinaux !"

4. Avant les fêtes du Nouvel An, les marchés sont bien achalandés et les prix sont stables.

5. Le Comité national des Sports félicite de brillants sportifs.

6. Kang Keqing, présidente du Comité permanent de la Fédération des femmes : "Combattons la libéralisation bourgeoise !"

Certains programmes commencent à 8 h 30 du matin avec la retransmission du journal télévisé de 19 h 00 diffusé la veille sur le canal 2 : « China Central TV ».
Voici celui du 16 janvier 1987.
Hu Yaobang, le secrétaire général du Parti, le numéro un chinois, a démissionné.
Nous l'ignorions.
D'ailleurs nous n'imaginions pas que Hu serait remercié tant que Deng Xiaoping, son protecteur, vivrait.
Le présentateur porte le plus souvent un costume occidental mais ce soir il apparaît en costume Mao ■

7. La Fédération d'amitiés avec Taïwan en meeting pour développer les contacts entre le continent et Taïwan.

8. Lu Di dans le Hubei vient d'être arrêté par la police. C'est un ex-étudiant en musique, exclu de son école.

9. Voici le mandat d'arrêt. Il discourut dans une université contre la direction du Parti en se faisant passer pour un étudiant.

10. Voici sa fausse carte d'étudiant. Il a signé des articles anti-Parti au nom de la Fédération des étudiants chinois.

11. Il a incité les étudiants à manifester contre le gouvernement provincial.

12. Les étudiants du Shandong visitent des usines pour apprendre des travailleurs et apprendre aux travailleurs.

13. L'un d'eux : "Nous devons étudier durement pour construire des fondations solides à nos futurs travaux".

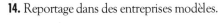

14. Reportage dans des entreprises modèles.

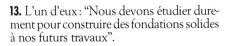

15. La production est élevée et de grande qualité.

16. Les troupes soviétiques en Afghanistan.

17. La Coupe de l'América.

18. La météo.

Modern Family

January 1987

现代家庭

三月風
SPRINGBREEZES

總 24

美容与保健

86

- 面部化妆入门
- 一种妊娠爱情的病态心理
- 融离无穷的佳品
- 女性仪表美
- 头发的营养与皮肤保健
- 大有希望的避孕疫苗

體育畫報

残疾人福利基金會主辦·政治經濟文化藝術綜合月刊

1987·4

雜健与生活

开放、思考、实用型·广东特色的综合性月刊——

健与美

国外健美名著连载
最新健美方法
饮食与美
化妆 美容
生活中的美
养生之道
服饰与美
型形美容

2

1987

《健与美》编辑部 编辑

现代生活

1

1987年 具届中生重周刊

87.7 法制

FAZHI FAZHI FAZHI FAZHI FAZHI FAZHI FAZHI

THE YOUNG GENERATION ¥0.48

青年一代

The young gene

The young gene

The young generation

The young generation

1986 5

"美梦"在黎明前破灭
"蛇皮衣"追踪摄影
孩子们的现实与梦幻

114

REVUE DE PRESSE

Les médias chinois ont l'habitude de rapporter les informations extraordinaires avec un certain délai. Ce temps de réflexion peut durer quelques heures ou plusieurs années.

Le 22 avril 1987, en Mandchourie, un train de voyageurs explose dans la matinée au moment où il roule sur le pont qui franchit le fleuve Songhuajiang. Quarante-huit heures plus tard, c'est-à-dire le 24, la presse et la télévision annoncent enfin cette catastrophe. Aucun journaliste n'évoque l'éventualité d'un attentat et n'essaie même d'expliquer comment un wagon de chemin de fer a bien pu exploser tout seul.

Tous disent la même chose :

« *La voiture 14 de sièges durs* (dernière classe) *a explosé très exactement au milieu du pont. Le bilan est de 11 morts et 45 blessés. Le pont n'est pas détruit. Les leaders locaux sont arrivés immédiatement sur les lieux pour prendre soin des blessés et les évacuer dans un hôpital où ils sont actuellement traités comme il faut. La police enquête mais les résultats ne sont pas encore disponibles.* »

Je n'ai plus jamais entendu parler de cette affaire.

A Pékin comme en province, les kiosques à journaux regorgent de toutes sortes de littératures : quotidiens, hebdomadaires, *digests* des meilleurs articles chinois et étrangers, bandes dessinées, magazines de mode, pour les jeunes, pour la famille, sur le sport, sur l'armée, la police, la justice, les arts, le kung fu, le cinéma...

Trente pour cent de leur contenu est consacré à l'étranger. Les « top modèles » blanches s'étalent sur les couvertures et les éditeurs chinois n'hésitent pas à pirater les magazines occidentaux à qui ils volent textes et photos. Ils aiment particulièrement *Vogue* et les catalogues de vente par correspondance. Parfois je repère en feuilletant des revues chinoises le sigle familier de « La Redoute » ou des « Trois Suisses » au coin d'une photo.

Les Chinois raffolent des histoires de crime et de sexe et depuis trois ans tous les mensuels populaires en publient au moins une dans chaque numéro. Les kiosques s'approvisionnent surtout en publications de cette nature car elles partent vite et sont d'un bon rapport. Par exemple :

Pékin soir (quotidien – trois centimes), *Jeune Génération, Famille moderne, Loi et vie, Littérature légale* (mensuels, environ cinquante centimes), *Filles soyez vigilantes, Guide des femmes, Mariage et amour, Art d'aimer de l'épouse moderne* (livres brochés ou petits opuscules à deux ou trois yuans, soit une journée de salaire)...

Les gens s'arrêtent, choisissent, feuillètent, achètent.

Ils lisent chez eux, dans le train, à l'usine... parfois, en cachette.

☐ Magazines à la mode.

« Un homme réclame à sa fiancée des indemnités pour le quitter. Son leader juge la requête raisonnable »... « Puis-je refuser de faire l'amour avec mon époux ? »... « Un homme viole la femme de celui qui a pris la virginité de la sienne »... « J'ai eu trois pères et deux mères mais je n'ai jamais connu l'amour des parents »... « Des étudiants en médecine parlent de la sexualité »... (Jeune Génération, mai 1986).

« Sur les différences d'âge entre amants »... « Ils doivent s'attendre pour atteindre l'orgasme »... « Réponse aux filles enceintes et célibataires : Ne soyez plus idiotes ! »... « Comment obtenir de beaux seins ? »... « Avant de se marier : Ne pas se soucier des dimensions de son sexe, ne pas se masturber, il faut étudier l'anatomie des organes sexuels féminins »... (mensuel Le Médecin chez vous, octobre 1986)...

« Comment se rapprocher de sa femme »... « Je suis frigide, puis-je me marier ? »... « Rêves humides »... « Mon époux veut faire l'amour aussi longtemps que possible, est-ce bon docteur ? »... « Ma femme a été opérée d'un cancer du sein. Pouvons-nous... »... « Nous avons presque la soixantaine, nous faisons encore l'amour, mais c'est difficile. Que faire docteur ? »... (Le Médecin chez vous, novembre 1986).

« Problèmes sexuels du couple »... (Vie familiale, octobre 1986), « Relations entre les règles et le désir »... (Cosmétologie et protection sanitaire, mars 1986).

« A propos des poitrines artificielles »... « Peu importe la taille d'une verge »... « L'homosexualité est une psychologie sexuelle anormale. C'est la mode. Eduquons nos enfants. En Occcident, certains jeunes mécontents du système social deviennent homosexuels »... « Un policier abuse de ses pouvoirs. Il tire sans motif »... « Le viol peut-il exister entre époux ? »... (Famille moderne, janvier 1987).

« Comment ne pas être cocu ? Une infirmière trompe son mari avec un chauffeur de camion. Sa vie conjugale est monotone et le camionneur lui procure l'amour »... (Art d'aimer de l'épouse moderne, 1986).

« Comment les hommes choisissent leur femme ? » (Jeunes femmes, mars 1987), « Un magicien viole une adolescente pour qu'elle réussisse son examen d'entrée à l'université »... « Pourquoi Deng Xiaoping n'a-t-il pas grandi ? Jeune, ses patrons français ne le nourrissaient pas »... (Temps de jeunesse, janvier et février 1987), « Exorcisme d'un jeune paysan »... (Jeunesse moderne, janvier 1987), « Enquêtes sur les relations sexuelles pré-maritales »... (Légalité, juillet 1987), « Trois pères violent leurs filles »... « Vol dans une usine de cigarettes. Les ouvriers payaient les commerçants avec des cigarettes »... (Loi et vie, décembre 1986).

« Une dizaine d'hommes, avec pour chef un policier, organisent un parti réactionnaire : le Parti du peuple chinois, et tuent le leader de leur canton et son fils. Ils voulaient nettoyer le pays des officiels corrompus. La police les a appréhendés »... « Histoires de cadres corrompus, de cadres qui voyagent à l'étranger soi-disant pour affaires et font du tourisme, d'une fille de cadre qui couche dans un train avec un Chinois laid de Hong Kong »... « Un étudiant en droit partisan des idées

□ « Le poème des meetings » : « Tu parles, je parle, tout le monde parle. Il y a des réunions le matin, l'après-midi, toute la journée et personne n'applique les décisions. » (*Journal de satire et d'humour*, 20/12/1986).

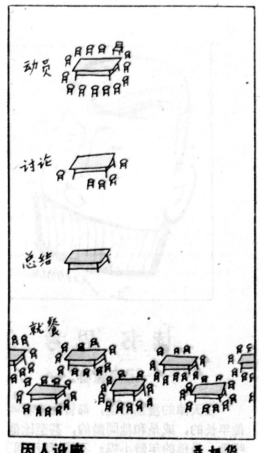

▼洋胃口

——这是宴会请柬……
——马克西姆的有没有？

左 川

□ « Appétit étranger » :
– Voici les cartons d'invitation pour les banquets… *dit l'employé.*
– Y en a-t-il pour Maxim's ? *réplique le cadre.*
(*Journal de satire et d'humour*, 20/12/1986).

□ « Installation des chaises selon le nombre des participants aux différentes phases d'un meeting : l'ouverture, les débats, la conclusion, le banquet ». (*Journal de satire et d'humour*, 20/12/1986).

pourries de la bourgeoisie viole la femme d'un prisonnier »... (*Loi et vie,* avril 1987), « *Transfert de prisonniers au Xinjiang* »... « *Dois-je lui offrir ma virginité, il part étudier cinq ans à l'étranger ? Non ! Ne ruine pas ta vie* »... « *Six ouvriers créent une organisation réactionnaire : l'Union de la liberté. Ils volent des armes, projettent de liquider des cadres, de piller une banque. L'un d'eux les dénonce à la police. Ils sont arrêtés, trois sont exécutés* »... (*Temps dorés,* avril 1987).

Les opuscules d'éducation sexuelle ou juridique, s'ils coûtent cher – un jour de salaire –, se vendent aussi très bien dans la rue. Le *Quotidien de Pékin* a publié en décembre 1985 un recueil de trente et une histoires d'amour : *Filles, soyez vigilantes !* Best-seller :

« *Je suis jolie. J'admire les stars de cinéma mais je les jalouse davantage. L'an dernier, je vois le film : « Rêve bleu », et je suis fascinée par la vedette masculine. Je lui écris une lettre avec mes plus belles photos et il me répond avec son adresse. Ainsi, je lui rends visite. Il me parle des vedettes occidentales et de l'art dramatique... Je n'y connais rien et je commence à l'admirer. Il dit que le vrai art d'un comédien sort de ses vrais sentiments. Il me demande de baisser ma jupe pour voir si mes formes conviennent ou non. Pour l'art, j'obéis. Ensuite, il m'embrasse et dans la nuit il me fait l'amour. Hier, j'ai appris que c'était un gangster et qu'il avait été arrêté. Je suis enceinte. J'ai peur d'aller chez le médecin. Je longe la rivière mais je n'ai pas le courage de plonger. Je n'ai que vingt ans. J'écris pour avertir d'autres filles* »... « *La vie est sérieuse, filles soyez vigilantes !* »...

« *Lanlan habite la ville de Benxi. Ses parents sont divorcés, elle vit avec son père et son frère. Une nuit, sa belle-mère travaille, son frère est sorti et son père la viole. Elle tombe enceinte et son père la conduit à l'hôpital se faire avorter. Plus tard, elle épouse un paysan. Un jour, son frère lui écrit : leur père a violé sa fiancée. Elle craint que son frère ne tue leur père, qu'il soit emprisonné, et elle décide de s'en charger elle-même. Elle prend mille yuans et part à Benxi. Réalisant sa faiblesse, elle demande à un voyou de commettre le meurtre. Elle lui donne les mille yuans, son corps, et il punit son père. Mais ce dernier ne meurt pas. Le voyou, Lanlan et le père sont emprisonnés. Lanlan ignorait que la loi existe et la protège.* »... (« *A qui doit-elle se plaindre ?* » recueil d'histoires sur la criminalité sexuelle, Editions de Mongolie intérieure, 1986).

« *Zhu Shiqiang, 34 ans, de la seconde équipe de la huitième brigade de production de la commune de Longtan dans le Sichuan, a été arrêté le 2 décembre 1981 : il utilisait la superstition féodale pour violer des femmes, battre des gens et promouvoir de la propagande contre-révolutionnaire ; il prédisait qu'un empereur régnerait et il tua deux personnes en public. Il rêvait de richesses, de manger mieux et il trouva un moyen. Il se nomma « empereur ». Il prétendait être dieu, il chantait des chansons inconnues, dansait mystérieusement. Il prit vingt œufs et les distribua à la population. Alors ils le crurent « empereur ». Jeunes et vieux se courbèrent devant lui en criant : « Empereur ! Empereur !...* »

□ « Rester dans un marché aux poissons et s'habituer à la puanteur » : *Trop de littérature vulgaire accoutume les lecteurs à la décadence.* (*Journal de satire et d'humour,* 5/11/1986).

鲍鱼之肆   英 柏

Il demanda à plusieurs jeunes filles de devenir ses femmes. Il leur fit l'amour toutes ensemble. Il ordonna à plusieurs personnes de boire son urine – l'une d'elle est un instituteur –, il tua deux enfants parce qu'il détestait leurs cris. Il dit aux habitants : "Je suis l'empereur, Deng Xiaoping tombera, je monterai à Pékin". Une semaine plus tard la police l'arrêtait et l'exécutait... Les gens sont stupides et ignorants... » (Collections juridiques, Editions nationales du Guangxi, 1986).

La censure de la presse existe. De nouveaux organes ont même été créés cette année pour surveiller le contenu moral et idéologique des publications populaires dont celles à caractère « féodal », pornographique et violent inondent le marché. Décadence... Pages de magazines collées, lignes raturées au feutre noir, livres retirés et interdits à la vente : *Les Chinois sont laids* (trois cents pages, éditions Huacheng), livre best-seller d'un Taiwanais sur la nature des Chinois, édité en Chine populaire en décembre 1986, interdit et retiré des kiosques en avril 1987. Quelques extraits : *« Il n'existe pas un pays qui possède une histoire aussi longue que la nôtre... Notre civilisation est une sorte de virus filtrant qui nous a infectés. Nous sommes pleins de défauts. Les plus évidents : sales, désordonnés, querelleurs... »* (page 11).
« Ceux qui punissent les Chinois le plus lourdement ne sont pas étrangers, ils sont chinois. Ceux qui trahissent les Chinois ne sont pas étrangers, ils sont chinois... » (page 14).
« Parce que les Chinois édulcorent constamment leurs erreurs, se vantent constamment, disent des paroles vides de sens, diaboliques, des contre-vérités et des mensonges, le cœur des Chinois est complètement fermé, ils ne peuvent s'ouvrir... » (page 18).
« La Chine n'est en aucun cas le pays de la courtoisie. Les Chinois sont si rustres, toujours sur la défensive... » (page 54).
« Les Chinois sont trop intelligents et je pense qu'il n'existe peut-être pas de peuple – même les Juifs – aussi intelligent. Si la compétition se déroule entre deux individus, le Chinois gagnera assurément. Par contre si plus de deux personnes concourent, les Chinois seront vaincus. Les Chinois sont nés pour ne pas s'unir. Quelle est l'intelligence des Chinois ? Nous sommes si intelligents... Au point de marchander notre tête à l'abattoir et d'exploser de joie si nous nous vendons cinq yuans plus cher... » (page 56).
« Les Chinois sont très vertueux, il est dommage que cela n'existe que dans les livres... » (page 57).

Moi, Abdul Karali, le Chinois, j'ai le droit de visiter les rayons « interdits aux étrangers » de nos librairies et j'en use. Ça amuse les vendeurs hans d'y rencontrer un homme du Xinjiang. J'y feuillette des dictionnaires, des livres de Taiwan, et j'y achète *Newsweek, Times, Paris-Match* au dixième de leur prix. C'est l'avantage d'être chinois. Avec celui de payer les hôtels, les trains, les avions, les musées... deux ou cinq fois moins chers que les métèques pour un service identique. Nous sommes maîtres chez nous ∎

□ *Le cœur d'un cadre parle* : mon pouvoir (idéogrammes dans le tampon) > (est supérieur) à la loi. (*Quotidien de Wenzhou,* 3/1/1987).

〔原載《中国法制报》〕

STARS DE CINÉMA

Banlieue de Pékin, le dortoir du « Hollywood chinois ».
Les stars vivent ici dans des appartements d'une ou deux pièces
sans sanitaires ni cuisine.
Elles sont salariées et gagnent entre cent et deux cents yuans (cent
et deux cents francs) par mois.

Elles préparent leurs repas dans ces couloirs obscurs (les parties
communes) à la lueur du réchaud à gaz installé sur le pas de leur
porte.
Côté public, les salles de cinéma sont toujours combles. Il faut le
plus souvent acheter son billet la veille ou l'avant-veille, voire au
marché noir pour assister aux projections des films occidentaux ■

☐ Bai Ling.

☐ Zhang Yu.
☐ Yin Tingru.
☐ Zhu Lin.

JOLIES FEMMES DE SUZHOU

Fleur de Jade a vingt-quatre ans. Elle est grande, belle et dynamique. Elle est mannequin, une profession qui fait rêver les jeunes Chinoises. Un rouge à lèvres très léger sur ses lèvres humides lui donne ce sourire élégant de princesse.

Elle voyage aux quatre coins du pays pour présenter les nouvelles collections des usines textiles de Shanghai. En première classe comme les cadres et les étrangers, très loin de la promiscuité des foules chinoises.

Nous nous rencontrons en mai 1986 dans l'express Canton-Shanghai. A Shanghai, nous ne nous quittons plus et nous sortons tous les soirs ensemble. Elle porte des jupes rétro, à fleurs et mi-courtes, et des chemisiers en soie trop fine pour dissimuler le galbe agressif de son soutien-gorge rembourré, à baleines. Elle aime répéter : « Non, ma poitrine n'est pas jolie... Elle est fausse ! Mais toutes les Chinoises font la même chose. »

Elle raffole des petits nœuds dans les cheveux, des chaussettes en dentelles, des gants blancs et des bas noirs. Dans la rue, les hommes se retournent sur son passage. Ça l'amuse.

– Je suis belle ? C'est normal. Je suis née à Suzhou.

Suzhou est la Venise de l'Orient. « Au ciel, il y a le paradis, sur terre, il y a Suzhou », disent les Chinois. Ou encore : « Il faut manger à Canton, mourir à Liuzhou mais aimer à Suzhou. »

La ville est célèbre depuis deux millénaires pour la beauté de ses femmes. Les plus belles de l'empire du Milieu. Fleur de Jade accepte de m'y accompagner. Elle sera mon guide.

Les rayons obliques du soleil effleurent les nappes de brume qui flottent sur les canaux. Nous nous promenons sous les grands ormes plantés le long des cours d'eau, franchissons quelques-uns des six mille ponts de la ville et, au fur et à mesure que nous progressons, la beauté simple et évidente des filles que nous croisons accentue la sublime harmonie des lieux.

Chaussettes blanches, robes noires en dentelle, mini-jupes et soutiens-gorge rembourrés sous des chemisiers aux épaules renforcées, en polyester de mauvaise qualité, trop léger et transparent. Elles arborent ces mêmes bas ocres de couleur inhumaine, et les hommes les regardent, et ils voient tous cette chair blanche et ferme mise à nue par l'intervalle existant toujours entre l'ourlet de leurs jupes trop courtes et le sommet des collants qui ne montent qu'en bas des cuisses. Elles semblent ne rien remarquer mais elles n'essaient jamais de dissimuler cette provocante plage de chair.

☐ Fleur de Jade.

☐ Suzhou, la Venise de l'Orient. « Au ciel, il y a le paradis, sur terre, il y a Suzhou ».

Aidé de Fleur de Jade, je sélectionne les plus belles filles de la ville. Je les photographie dans la rue, les hommes passent et les observent. Les filles rient.

Intrigué par le charme exceptionnel des beautés de Suzhou, je me rends à l'Hôpital du peuple numéro un pour découvrir s'il existe une explication scientifique de ce phénomène.

– C'est dû à la nourriture, à la douceur du climat et aux propriétés de notre eau, m'assure le docteur Xu. En juillet et août, nos jeunes filles se baignent dans deux canaux particuliers et ces bains adoucissent et raffermissent la peau.

Je demande au docteur Xu s'il pourrait me prescrire un régime embellissant.

Il sourit.

– A Suzhou, le poisson et les légumes sont d'une qualité exceptionnelle. Ils constituent l'alimentation de base de nos femmes. Pour devenir beau, vous devrez en manger beaucoup... Surtout du riz.

– Je crains, docteur, que ce ne soit pas suffisant. Sérieusement, comment la science chinoise explique-t-elle cette beauté extraordinaire ?

– Génétiquement, Shuzou possède une longue histoire. Nos terres sont très fertiles et avant la Libération, les gens d'ici étaient très riches. Ils se rendaient dans les provinces voisines et achetaient les plus belles filles pour les épouser ou en faire leurs concubines. Ainsi, progressivement, Suzhou s'est peuplé de femmes superbes qui elles-mêmes engendrèrent des créatures de rêve. L'enrichissement du patrimoine génétique est l'explication la plus scientifique de la beauté des habitantes de Suzhou.

Je lui demande si un médecin ou un biologiste a écrit une thèse sur ce phénomène.

Il éclate de rire.

Le lendemain, Fleur de Jade me fait visiter le salon de coiffure le plus célèbre de la ville. Elle veut me montrer comment les filles de Suzhou mettent en valeur leur beauté millénaire.

Le salon est installé dans une rue perpendiculaire à celle du Peuple. La salle du rez-de-chaussée est immense et pauvrement éclairée. La peinture des murs s'écaille et les fauteuils sont défoncés et rouillés. Des ventilateurs tournent mollement au plafond sans réussir à brasser l'air chargé d'ammoniac qui pique les yeux et la gorge.

Une quarantaine de coiffeuses, shampouineuses et enfileuses de bigoudis s'activent entre les trois étages. Elles travaillent six jours par semaine pour un salaire mensuel de cent francs.

Une dizaine de clientes se font patiemment friser. Elles veulent toutes obtenir ces fameux cheveux bouclés à l'occidentale. Toutes les femmes de Suzhou rêvent de se faire coiffer ici mais les prix sont exorbitants.

Je sympathise avec une cliente.

Ma Lin a vingt et un ans et travaille dans une usine de soierie.

– Je paie huit yuans. Cela représente quatre jours de travail pour moi.

– C'est cher ?

– Oui ! Mais il faut ça pour être belle.

Ma Lin, comme Fleur de Jade et ses amies, consacre la moitié de son salaire en soins et produits de beauté. Il y a encore une dizaine d'années, à la fin de la Révolution culturelle, il était impossible de se procurer du parfum. Cette preuve de coquetterie trahissait une attitude individualiste condamnable par l'idéologie marxiste. Aujourd'hui tous les grands magasins offrent aux consommateurs une gamme variée de cosmétiques. Du talc, des huiles et des crèmes capillaires, du rouge à lèvres unicolore et pentacolore, du vernis à ongles, une trentaine de parfums à la fois capiteux et peu tenaces, du mascara et du fard à paupières « made in Taïwan », de la poudre de riz chinoise et américaine, divers fonds de teint, d'étranges lotions dermiques qui « *désinfectent et élèvent l'esprit* », des crèmes de jouvence à l'effet plus ou moins garanti, des crèmes de massage et une crème pour les seins qui « *appliquée deux fois par jour pendant cinq jours, développera leur volume avec une efficacité de 78,75 % chez les femmes de 20 à 47 ans* ». La marque shanghaienne Ruby est particulièrement appréciée mais ses produits sont chers.

– N'importe quelle fille est prête à tuer pour du Ruby, plaisante Ma Lin.

Fleur de Jade me conduit ensuite dans le Grand Magasin du Peuple, qui possède le plus grand rayon de produits pour dames de la ville.

Outre un vibro-masseur sur piles de vingt-cinq centimètres de long qui coûte quatre francs et dont Fleur de Jade me dit en riant qu'il imite le gros sexe des étrangers, je découvre une étonnante machine destinée à provoquer la croissance des petites poitrines. Je l'achète vingt francs et demande à Fleur de Jade de me faire une démonstration.

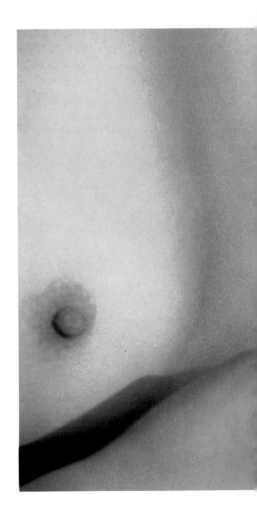

L'appareil est une coque en plastique transparent, graduée de 0 à 8 centimètres et reliée par un tube de caoutchouc à une poire munie d'une valve.

Fleur de Jade lit avec grand intérêt la notice qui évoque « *le souci des femmes de posséder une courbe féminine. (…) Cette machine éliminera tous les problèmes que pose une poitrine plate. Elle est sûre, efficace et vous procurera une vie plus heureuse et plus intense* ».

– Regarde, dit Fleur de Jade en exécutant l'opération. Il faut placer la coquille sur le sein et pomper avec la poire jusqu'à ce que sa taille se soit accrue de deux centimètres. Puis avec la valve, tu laisses pénétrer l'air et tu répètes l'opération pendant vingt minutes, deux fois par jour.

Le fabricant est formel : « *La courbe harmonieuse du sein est le signe d'un corps sain. Elle a été un facteur important dans l'histoire de l'humanité. Aujourd'hui, en inventant ce nouvel engin à partir de technologies étrangères, nous avons franchi une nouvelle étape dans l'amélioration de la beauté humaine.* » ■

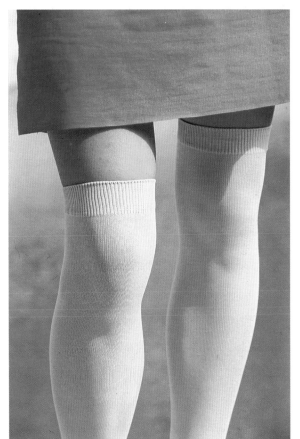

BODY BUILDING

Le culturisme est un sport nouveau en Chine et il passionne les masses. Malgré les idéologues conservateurs du Parti qui lui reprochaient d'être un spectacle pornographique, depuis novembre 1986 les sportives peuvent concourir en bikini.

□ Chen Jing.

Elles deviennent des stars. Les figures de leurs corps luisants font la couverture des magazines, illustrent des calendriers et sont reproduites en carte postale, souvent à l'encontre des souhaits de leur famille.

La championne vedette du *body building* s'appelle Chen Jing.

Elle a 27 ans.

Elle mesure un mètre soixante-cinq et pèse quarante neuf kilos avec un tour de poitrine de soixante-dix sept centimètres ∎

 Convoi de condamnés à mort, Chongqing 1983.

CRIMES ET VOYOUS

1983. Tangshan, Hebei. Ici, la terre a tremblé en 1976. Depuis, la ville continue de crouler inexorablement et entre les ruines encore habitées, le gouvernement érige des tours à l'architecture sommaire dont les façades lugubres affichent déjà d'inquiétantes lézardes.

Crasse, pauvreté, ennui. Caractéristiques des grandes banlieues modernes.

Au centre, les terrains vagues et les gravats. Autour, les murs de bétons armés. Les voyous (les *liumang*) y prolifèrent.

Ils ne sont pas forcément costauds mais ils jouent les durs. Ils violent collectivement les filles dans les toilettes publiques, ils pillent les dépôts d'armes, ils rackettent les passagers des bus, ils cambriolent.

Ils ne se distinguent pas à leur manière de s'habiller mais à la façon dont ils occupent le trottoir.

Ils traînent en groupe dans les gares et aux carrefours des grandes artères.

Crimes, vols, et la prison pour seule université. Les années de bagne représentent à leurs yeux un diplôme supérieur. Ils friment et devant eux, la population tremble.

Dans une gargote en plein air, un instituteur tient à éprouver son anglais en ma compagnie. Nous sympathisons et il me parle des *liumang*.

– Une semaine sur deux, ma femme travaille le soir. Je vais la chercher à la sortie de son usine et je la raccompagne à la maison. A cause des voyous… Mais comme il est imprudent de sortir seul la nuit, un voisin m'escorte. Il y a tant de viols, tant d'agressions ! C'est invivable !

Les *liumang* sont blasés et ils ne reculent devant rien. Au printemps dernier, ils ont même chahuté le secrétaire général du Parti et Hu Yaobang n'a dû son salut qu'à un service d'ordre musclé.

Les voyous terrorisent toutes les villes de Chine. A Pékin, les diplomates chuchotent que la fille d'un ministre aurait été violentée dans les toilettes d'un parc. Ils racontent aussi, qu'en juillet, Deng Xiaoping lui-même, installé dans sa grosse « Drapeau rouge » (la Rolls chinoise) est tombé dans une embuscade sur la route de Beidahe.

Un tronc d'arbre coupe la route. La voiture pile. Une bande de malfrats surgit et se rue sur le véhicule. Les gardes du corps les maîtrisent rapidement. Western mais Deng a eu très peur.

Il ordonne aussitôt à Liu Fuzhi de déclencher un « typhon ».

Liu Fuzhi est un vieux professionnel de la répression. Il vient d'être nommé ministre de la Sécurité publique à la suite des purges printanières des dirigeants de ce ministère et de celui de la Justice. Liu orchestre immédiatement une « terreur » : *la Campagne pour réprimer, écraser et combattre la criminalité selon les principes de rapidité et de sévérité.*

Elle durera trois ans, et les trois premiers mois devront être impitoyables.

1956-57, lancement de la campagne anti-droitiste pour réprimer l'explosion de mécontentement exprimé dans le cadre du mouvement : « Que cent fleurs s'épanouissent, que cent écoles rivalisent ! » [*].

Lin Xiling, une victime inconnue, ne cesse de porter plainte. Voici les conclusions sur la réexamination de son affaire par le Comité du Parti communiste de l'Université du peuple (Pékin), le 4 juillet 1979 :

Lin Xiling, de sexe féminin, née en juillet 1935 à Wenling dans le Zhejiang; occupation des parents : profession libérale, classe sociale : étudiante, s'est engagée dans l'armée en octobre 1949. En septembre 1953, elle fut admise à l'Université du peuple. En 1957, elle fut désignée droitiste et en février 1958 renvoyée des cours et surveillée en travaillant sur le campus comme professeur négatif. Elle fut arrêtée le 11 août 1958, condamnée à 15 ans de prison et privée 5 ans de ses droits politiques. Elle fut relâchée en 1973, un emploi lui fut attribué et en 1978 le label de droitiste lui fut retiré. Aujourd'hui, elle travaille dans l'usine de machines agricoles de Wuyi dans le Zhejiang.

Selon les standards de détermination des droitistes en 1957 et les règles du document numéro 55 (1978) du Comité central du Parti communiste, après avoir réexaminé ses dires et ses actes durant le Mouvement de rectification et de lutte contre la droite, voici notre conclusion :

1. Entre le 23 mai et le 13 juin 1957, profitant de la chance d'aider le Parti à se rectifier, elle prononça six discours à l'Université de Pékin et celle du peuple. Elle incita publiquement à changer fondamentalement le système social de notre pays. Elle calomnia notre socialisme en le traitant de « socialisme féodal, en l'accusant de n'être qu'un mot politique, de ne point être le socialisme ». Elle prétendit que le Parti communiste « réprima le peuple dès la Libération », « abrutit le peuple ». « Les membres du Parti et de la Ligue sont devenus une classe privilégiée. » Elle inventa une histoire : « Sur la route de Yumen, je vis de mes propres yeux des travailleurs en grève… Parmi eux il n'y avait pas un seul réactionnaire, tous des membres du Parti et de la Ligue ». Elle attaqua la politique des « Cent fleurs » : « quatre-vingt-dix pour cent des cadres supérieurs ne l'approuvent

* Mao demanda aux citoyens, surtout aux intellectuels, d'exprimer librement leurs pensées.

pas. Ils crient qu'ils veulent nettoyer le Parti de ses très nombreux œufs pourris ». *Elle estima que notre système actuel est la cause directe des* « trois insectes nuisibles ». « Ce système produit assurément une classe privilégiée. » *Elle mentionna le rapport secret de Khrouchtchev sur Staline. Elle dit :* « Dans notre pays, la théorie sur l'élimination des contre-révolutionnaires est également erronée. Elle a tué 770 000 personnes. 720 000 sont innocentes. Cela représente la population d'un petit pays. Durant l'élimination des contre-révolutionnaires à Nanjing, une nuit, des mandats d'arrêts furent adressés à chaque unité et plus de vingt mille personnes furent aussitôt appréhendées. Il n'y avait plus la place de se tenir debout dans le hall des unités. » *Elle dit clairement :* « Il faut changer complètement de système. »

2. Elle divulga et copia le rapport secret de Khrouchtchev, combattit Staline*, créa des troubles. Au début du mouvement de rectification, Lin obtint un extrait du rapport secret. Elle savait parfaitement que ce rapport avait déjà engendré de sérieux problèmes dans le mouvement communiste international. Elle connaissait également l'interdiction d'en parler à quiconque. Mais elle en reprit de nombreuses informations dans ses discours. Elle déclara : « Staline était très autoritaire et cruel. Aucune dynastie ne pourrait lui être comparée. Il bloqua le développement de la société. Il la fit reculer d'une dynastie. » *Plus loin :* « Les informations du rapport secret sont réelles. Il m'éclaire énormément. » *Elle critiqua le style de travail de notre Parti avec des insinuations.* « Les relations entre les camarades sont anormales. Froides. » *Le premier juin elle annonça lors d'un meeting universitaire :* « A présent, je propose de rendre public le rapport secret (…). J'en détiens un extrait. » *Le 2 juin, elle afficha sur les murs que le lendemain soir elle divulguerait le rapport secret. Comme les cadres, les professeurs, les étudiants s'y opposèrent, elle ne put agir. Mais cela retarda de trois jours le mouvement de rectification de l'établissement. Lin offrit à des étudiants de lire le rapport. Elle demanda à quelqu'un de le recopier et de l'expédier aux universités de Pékin, Xian, Nanjing, Wuhan. Quand l'université lui demanda de remettre le rapport, elle en recopia un exemplaire pour elle. Les dires et les actes de Lin Xiling ont provoqué des effets extrêmement néfastes à l'intérieur et à l'extérieur de l'université, gêné sérieusement son mouvement de rectification et incité des jeunes, étrangers à notre établissement, à fauter.*

3. Lin s'est opposée à la politique et à l'organisation du mouvement de rectification du Comité central. Elle créa des troubles. Lin allégua que le mot d'ordre du Comité central au Parti tout entier de se rectifier était une mesure réformiste pour faire une petite concession au peuple. Elle cria : « Nous devons entreprendre une révolution totale. » *En même temps, elle collaborait avec les droitistes. Elle ajouta que* « le Comité central ordonnait aux gens de parler selon le mot d'ordre des "Cent fleurs" et que beaucoup ne le firent que contraints : ils

* En 1987, la Chine l'honore toujours.

dirent une chose, ils en pensaient une autre. La rumeur dit que les communistes voulaient ainsi clouer le bec de la population. C'est stupide ! Aujourd'hui les "Cent fleurs" n'existent que chez la classe dirigeante. C'est anormal. Un vieil homme n'est pas brave, il n'ose pas rompre avec le Parti. Quel est l'usage de nos jeunes têtes ? Il ne faut pas se laisser guider par le bout du nez. Nous devons parler. Laissez chacun vivre comme un vrai être humain ! Que veut dire le peuple est le maître ? Camarades, nous sommes-nous jamais sentis les maîtres ? Je ne suis pas un maître, je n'ai pas eu l'impression d'en être un. Les gens ne sont pas fous. La solution réelle des problèmes ne dépend que de l'action du peuple qui est le créateur de l'histoire. A présent dans le Nord-Ouest, à Wuhan, etc., les étudiants passent à l'action mais ils ne communiquent pas entre eux. Les journaux se taisent, il y a blocus sur l'information ! Nous sommes honnêtes. Il existe des honnêtes gens partout. Pas seulement dans l'université de Pékin, mais aussi dans celles de Nanjing, Wuhan, Xian. Universités de Chine, unissez-vous ! Le sang des Hongrois n'a pas coulé en vain. Aujourd'hui le peu de démocratie que nous avons gagnée est indissociable de leur lutte. » *Elle souligna en public la nécessité d'organiser un meeting d'accusation des « trois insectes nuisibles ». Elle créa des troubles.*

Les dires et les actes de Lin sont très exactement anti-Parti et anti-socialisme. Même ces dernières années, elle ne voit toujours pas ses fautes, elle persiste sur ses positions et ses opinions antérieures. D'après les résultats de la réexamination ci-dessus, selon les standards du Comité central pour déterminer les droitistes en 1957, Lin n'a pas été désignée à tort droitiste. Nous ne corrigeons rien. Nous espérons qu'elle en tirera leçon et servira par la suite le socialisme. A propos de son arrestation et de sa condamnation, nous suggérons au Tribunal populaire de Pékin de réexaminer l'affaire et de trouver une solution en cherchant la vérité dans les faits. Considérant que le label de droitiste a été retiré à Lin Xiling, qu'elle est diplômée de l'enseignement supérieur, afin d'utiliser ses connaissances nous suggérons à la province du Zhejiang de lui attribuer un emploi approprié.

Le 4 juillet 1979

Le 13 mai 1980 le Tribunal populaire de Pékin confirme à son tour la justesse de la condamnation en 1959 à 15 ans de prison de Lin Xiling.

La campagne, une de plus, commence fin juillet à Tangshan par l'arrestation de cent cinq personnes regroupées en six gangs distincts.
La répression s'organise très vite.
Liu Fuzhi arme les policiers.
Les forces de l'ordre raflent, jugent, condamnent et exécutent les coupables en deux ou trois jours. Contrairement aux articles 110 et 131 du Code de procédure pénale et selon des lois qui n'existent

□ Exécution dans un stade de football, 1983 (page précédente).

pas, ils condamnent à mort, au lieu de dix ans de prison, « *les proxénètes, les marchands d'hommes, les trafiquants et les voleurs d'armes à feu, les bandits, les organisateurs de sociétés secrètes et réactionnaires, et ceux qui blessent gravement autrui* ».

Ces lois seront promulguées le 2 septembre.

Ce mois d'août, en une seule nuit, la police de Pékin arrête trois mille personnes.

Les rafles s'effectuent dans la rue autant que dans les habitations. Toujours la nuit et à partir de listes préétablies. Aidés par le comité des habitants du quartier – des civils, des vieilles femmes surtout –, les agents de la Sécurité publique encerclent un paté de maisons et perquisitionnent les appartements comme les taudis.

Il est deux heures du matin. Ils cognent à la porte. Ils entrent. Ils fouillent. Ça va assez vite. Ils contrôlent les *hukou* (cartes de résidence : personne n'est autorisé à vivre ailleurs que dans le canton ou la ville inscrite sur sa carte et il est pratiquement impossible de la faire transférer de lieu). Ils arrêtent tous les suspects et tous ceux qui le semblent.

La population collabore activement et commet plus de cent mille actes de délation en trois mois.

A Pékin, plus de 30 000 arrestations sont effectuées pendant la même période. 50 000 à Canton, 80 000 à Shanghai et 700 000 à travers tout le pays.

Le lendemain ou le surlendemain de leur arrestation, les suspects sont jugés et punis. L'avocat de la défense, fonctionnaire qui d'ordinaire se contente de vérifier les chefs d'accusation et l'application correcte de la loi, est supprimé. Il faut accélérer la procédure. Le droit d'appel est également bafoué.

Le jugement est rendu en public, dans un stade ou sur une place.

Le 23 août 1983, à Pékin, le gouvernement réunit soixante-dix mille personnes dans le Gymnase des travailleurs pour y juger trente criminels âgés de 18 à 24 ans. Fin septembre, la municipalité organise un second meeting de masse. Le grand show.

Les coupables sont regroupés au centre de la piste et un juge énumère leurs forfaits. Soupirs d'étonnement et exclamations horrifiées de la foule résonnent dans l'arène.

La mort ! La mort !

Je demande à Xiulan, une amie :

– Comment arrivent-ils à déplacer une telle foule ?

– C'est facile. Tout le monde préfère aller au spectacle plutôt qu'à l'usine… Et tu touches ton salaire !

La télévision retransmet aussi les jugements.

Quelques jours avant la fête nationale du 1er octobre, un routard allemand qui visitait Xining, la capitale du Qinghai, province et désert célèbres, avec le Xinjiang, pour ses camps de rééducation, a assisté à l'un de ces procès.

« La police déblaie la place centrale. Ils alignent une cinquantaine de détenus sur une estrade en bois. Il y a beaucoup de flics armés de fusils-mitrailleurs et de pistolets... Au premier rang, les élèves des huit classes primaires se serrent autour de leurs instituteurs. Ils commentent les crimes des accusés à leurs jeunes élèves. Derrière la foule rugit. Les gens s'amusent. C'est incroyable ! Ils n'éprouvent aucune pitié. Le Chinois hait le loubard qui aurait pu lui voler sa télé. »

Les procès sont expédiés et l'accusé toujours coupable. Sinon pourquoi aurait-il été arrêté ? Et, puisque cette justice est celle du peuple, le rejet des accusations traduit un manque de confiance dans le peuple. C'est un crime !

C'est ce principe d'infaillibilité qui conforte la décision du Comité permanent de l'Assemblée populaire nationale de réduire de dix-sept à trois jours, le délai minimum légal pour juger et exécuter un homme.

« Notre pays adopte une position prudente au sujet de la peine capitale... Fondée sur des faits, en accord avec la loi et donnant suffisamment de droit à l'inculpé pour assurer sa défense » (Gazette légale de Wuhan - 17 avril 1987).

Il vaut mieux plaider coupable car l'aveu attire l'indulgence des juges.

Ce jour-là, à Xining, vingt-deux accusés sur cinquante sont condamnés à mort. Les autres sont expédiés dans le désert, dans des camps de rééducation.

Après l'annonce du verdict, le défilé commence.

Des motards encadrent les camions débachés dans lesquels les condamnés à mort se tiennent debout. Une pancarte accrochée au cou énumère leurs crimes. Meurtres, hold-ups, contrebandes, vols à la tire et beaucoup de viols car ce terme recouvre aussi les caresses importunes ou un baiser volé.

Parade funèbre dans les rues de cette capitale de province où un policier, muni d'un mégaphone, ameute les badauds qui accourent à toutes jambes.

« **A** Datong, se souvient un étudiant suédois, un des condamnés à mort avait 16 ans. Il avait volé trois bicyclettes. Chez moi, les policiers se seraient moqués de lui. Ici, c'est la mort. Parmi les passants, personne ne protestait. Ce peuple prend plaisir à contempler la souffrance de ses semblables. »

Le défilé se termine par l'exécution des coupables. Une balle dans la nuque au milieu d'un stade ou d'un terrain vague, le plus souvent sans public.

Ensuite, le Bureau de la Sécurité publique envoie à la famille du supplicié la facture de la balle : un yuan.

Une étudiante américaine témoigne :

« C'était atroce ! Les policiers les ont abattus en pleine rue, sous les yeux de la foule. Ils ont abandonné les cadavres sur place pour que la famille les emporte. »

Dans chaque province, les murs se couvrent d'affiches blanches.

☐ Trafiquant de montres, Wenzhou 1987.

北京市中级人民法院

布　告

一、故意杀人犯张德玉，男，二十七岁，北京绒毯厂工人，住北京市海淀区矿业学院宿舍东平房二十一排四号。

张犯于一九八六年七月一日上午十时许，在其家对前来调解其夫妻关系的邹美霞（女，二十三岁）蓄意强奸，遭到邹的极力反抗。张犯为杀人灭口，即用双手银掐邹的颈部，当即将邹美霞掐死。

本院认为，张犯为强奸妇女，行凶杀人致死，其行为已构成故意杀人罪。犯罪性质极为恶劣，手段残忍，情节和后果特别严重，民愤极大，实属罪大恶极的犯罪分子，必须严惩。本院依法判处故意杀人犯张德玉死刑，剥夺政治权利终身。

二、故意杀人犯高瑞斌，男，三十一岁，无业，住北京市宣武区陕西巷二条三号。一九七二年因盗窃被强制劳动三年；一九七三年因抗拒改造被劳动教养二年；一九七六年因盗窃被劳动教养三年；一九七八年因犯轮奸、盗窃罪，被判处有期徒刑十年。

高犯于一九八六年七月十八日夜，将湖南省桃江县塑料制品厂来京的供销人员李泽儒（男，二十一岁）带至家中留宿。高犯认为李身带巨款，即起歹意，遂于次日凌晨四时许，乘李熟睡之机，用砖头连续猛砸李的头部，又用尖刀猛刺李的颈部，当即将李泽儒杀死。尔后，高犯掠走李的人民币二百余元及照像机一架和手表一块。

本院认为，高犯因违法犯罪被多次处罚，屡教不改，又图财害命，杀人致死，其行为已构成故意杀人罪，犯罪性质恶劣，手段残忍，情节和后果特别严重，社会危害性极大，且系累犯，实属罪大恶极，怙恶不悛的犯罪分子，必须严惩。本院依法判处故意杀人犯高瑞斌死刑，剥夺政治权利终身。

张犯不服本院判决，提出上诉；高犯不上诉。经北京市高级人民法院终审和复核，认为原判事实清楚，证据确凿，定罪正确，量刑适当，审判程序合法，裁定驳回张犯上诉，维持原判；并根据最高人民法院依法授权高级人民法院核准部分死刑案件的规定，核准张德玉、高瑞斌二犯死刑。遵照北京市高级人民法院院长下达的执行死刑命令，本院于一九八六年十一月二十八日，将张德玉、高瑞斌二犯验明正身，押赴刑场，执行枪决。

此布

院长　纪树翰

一九八六年十一月二十八日

Elles énoncent les exploits des criminels et le verdict qui a été prononcé.

Un grand V rouge au-dessous du texte indique que la sentence a été exécutée.

Même les panneaux d'affichage réservés aux héros du travail exposent à présent des portraits de délinquants. De face et de profil, assortis de mots d'ordre :

La dictature du prolétariat est impitoyable !
Pour la sécurité des masses, pas de pitié pour les criminels endurcis !

Lundi 28 novembre 1983.

Les promeneurs s'attroupent devant les panneaux d'affichage du Tribunal populaire de Pékin. Portraits de criminels.

L'un d'eux a scié la tête de sa victime. Sous la photo du coupable, celle du cou béant, vu du dessus, avec l'indication du diamètre de la plaie sanguinolente : quatorze centimètres. Sur les panneaux voisins, des contrebandiers de vidéo-cassettes pornos, de magnétoscopes, de montres à quartz. Des trafiquants de devises. Des escrocs. Des comptables, des cadres corrompus, et toujours beaucoup de violeurs.

Verdict uniforme : la mort !

Un trait rouge souligne le nom des condamnés. La plupart n'ont pas trente ans. Les badauds, uniquement des hommes, commentent à haute voix.

– Le gouvernement a raison !, s'écrie un ouvrier.

– Chez nous, renchérit un autre, il y a trop de monde. Il faut éliminer le chiendent. C'est bien !

Je découvre à proximité du parc Beihai, une affiche relatant le meurtre d'une jeune femme par son fiancé jaloux. Il lui a arraché les yeux avant de la débiter en cubes. Un vieil homme installé tout à côté qui vend des cacahuètes et des graines de tournesol n'en revient pas.

– Les affaires sont formidables. Depuis que la police a collé cette affiche, mon chiffre d'affaires a décuplé. Les gens s'arrêtent devant l'affiche. Ils m'achètent des graines pour grignoter tout en lisant. Ils commentent, ils discutent puis ils s'en vont et d'autres se rapprochent aussitôt.

Je prends le bus 336 en direction de Mèntougou, une banlieue minière de Pékin.

En 1979, un gang de *liumang*, armé de couteaux, détourne un bus du centre de la capitale vers Mentougou... Ils obligent le conducteur à rouler jusqu'à un terrain vague et là, ils détroussent les voyageurs. Ils volent l'argent, les montres, les vêtements et disparaissent dans le froid.

La route est longue jusqu'à Mentougou et le paysage lugubre. Crasse du charbon. Tristesse des usines. Soudain le bus s'arrête devant un poste de l'Armée populaire de Libération. La receveuse descend, court vers le soldat. Tohu-bohu. Personne ne comprend ce qu'il se passe.

□ « Avis du Tribunal populaire d'échelon intermédiaire de Pékin le 28/11/1986. Le meurtrier Zhang Deyu, de sexe masculin, 27 ans, ouvrier de l'Usine de lainages de Pékin... prémédita de violer Zou Maixia, une jeune femme de 23 ans, qui venait chez lui pour le réconcilier avec sa femme. Zou lui résista et il l'étrangla... Afin de violer une femme, Zhang a commis un homicide volontaire. Son crime est assurément vil. Sa méthode cruelle... Cela a profondément indigné les masses... Ce tribunal l'a condamné à mort et privé à vie de ses droits politiques... » (sic).

143

C'est pour moi !

La receveuse m'a dénoncé.

Mentougou est interdit aux étrangers.

Les militaires me font descendre et me renvoient à Pékin.

Dans le bus qui me ramène, je rencontre Tan, quarante-cinq ans, professeur d'anglais à Mentougou. Il aime bavarder et au terminus, nous causons un moment.

– C'est mieux que tu n'y sois pas allé, crois-moi ! Là-bas, c'est la jungle. Ils se battent dans la rue au couteau ou avec des pierres. Ce sont des bêtes... Je les hais ! La vie est dure, très dure à Mentougou. Les logements sont insalubres et nous pulvérisons des records : ceux du nombre de malades, d'infirmes et surtout d'orphelins car la mine tue. Les enfants sont livrés à eux-mêmes et, dans cet environnement, ils deviennent des voyous.

– Et vos élèves ?

– Ma femme travaille en Mandchourie et je n'ai pas choisi mon affectation à Mentougou... Mes élèves ne s'intéressent à rien. Ce sont déjà des criminels endurcis.

Il me parle de l'enfer, du crime, du désespoir. Il a peur. Depuis le début août, le gouvernement envoie continuellement des renforts de police et les exécutions capitales s'enchaînent. Je lui demande si les habitants approuvent cette campagne.

– Oui, notre pays est surpeuplé. Si nous exterminons quelques bandits, ça ne diminue pas notre puissance économique, au contraire ! Et il existe toujours des gens pour dire : plus on tue, mieux c'est. Mais enfin... puis-je me réjouir de la mort d'un être humain, même de celle d'un criminel ?

Tan me surprend. Il reste à ce jour, le seul Han – y compris parmi les délinquants que j'ai pu connaître – qui ne se réjouisse pas de la mort d'un *liumang*.

En Chine, les appellations *liumang*, voyou, criminel recouvrent beaucoup de formes de criminalité y compris celle de « bandit réactionnaire » qui qualifie par ailleurs les terroristes puisque selon la propagande officielle le terrorisme n'existe que dans les pays capitalistes.

Pourtant les actes de cette nature existent.

Comme ce soldat démobilisé et au chômage qui, en novembre 1980, pose une bombe dans la gare centrale de Pékin.

Comme ces enfants de cadres qui, le 5 mai 1983, détournent un avion de ligne sur Séoul.

Comme cet ouvrier de Xiamen qui, en juin 1981, se fait sauter à l'explosif et entraîne avec lui dans la mort cinquante personnes.

Comme ce chauffeur de taxi du Hebei qui massacre la famille du cadre qui lui a confisqué son permis de conduire.

Certains criminels nés avec les « Quatre Modernisations » entrent aussi dans la légende au même titre que les Dalton, Billy le Kid ou Jesse James.

Ainsi les frères Wang.

LES FRÈRES WANG

Tout débute en février 1983 au cours d'une simple garde à vue. L'aîné des deux frères, petit et trapu, préparateur en pharmacie, est sorti de prison un an plus tôt. Son cadet, grand et maigre, autrefois contrôleur de la qualité dans une usine spéciale (l'usine numéro 724), s'est engagé dans l'armée où il est devenu tireur d'élite et commande un peloton d'une unité des Services spéciaux.

Les Wang ne supportent pas la détention et ils s'évadent du bureau de la Sécurité publique.

Leur longue cavale commence. Ils pillent des banques. Ils écument le pays, l'arme au poing, filant au hasard des trains, parcourant des milliers de kilomètres. Lors d'un hold-up à Wuhan, le cadet tire cinq balles et tue cinq personnes.

En mai, le ministère de la Sécurité publique lance une véritable chasse à l'homme et des centaines de milliers d'affiches sont placardées à travers tout le pays.

Wanted !

Deux mille yuans (quatre ans de salaire) sont offerts pour leur capture. Cinq cents à mille yuans pour tout renseignement utile. Néanmoins, la randonnée des Wang continue et en six mois, ils abattent quinze personnes dont plusieurs policiers.

Finalement, le 13 septembre, à Guang-chang dans le Jiangxi, un employé cantonal les identifie au moment où ils achètent des cigarettes et de la nourriture. Il prévient aussitôt la police qui tente d'intercepter les bandits à la sortie de la ville. Les Wang ouvrent le feu, forcent les barrages et se réfugient dans la montagne.

La police hésite à les suivre. L'Armée populaire de Libération se joint alors à la Sécurité publique et le ministère de la Sûreté nationale (sorte de KGB créé en juin 1983) envoie des agents. La région est bouclée.

La battue dure cinq jours. A l'aube du sixième, l'armée encercle les deux frères. La fusillade se poursuit toute la journée et les deux hommes sont abattus vers 18 heures 30.

Trois jours plus tard, le *Quotidien du peuple* exulte :

« *Les frères Wang sont morts !... Les filets de la loi sont larges mais ils s'étirent entre le ciel et la terre et nul ne peut passer au travers.* »

□ Pékin novembre 1983, les badauds lisent avec intérêt les avis de mise à mort.

La « terreur » a été impitoyable et au total, entre août et novembre 1983, cinq mille personnes auraient été exécutées. Estimation officieuse car des diplomates occidentaux parlaient même à l'époque de dix mille exécutions pour le seul mois d'août.

Aujourd'hui en 1987, le gouvernement chinois reconnaît publiquement avoir exécuté dix mille personnes et en avoir emprisonné un million sept cent mille dans le cadre de cette « campagne contre la criminalité ».

Plus de trois ans après son lancement, les cambriolages, les viols, les meurtres, les exécutions et les procès expéditifs dans les stades, les retransmissions télévisées, les affiches blanches et rouges, les bombes qui explosent dans les trains (2 avril 1987 dans le Gansu, 24 avril dans le Heilongjiang), les restaurants (Xian, mars 1987), devant des studios de cinéma (Guangdong, premier février 1987) et les détournements d'avion de ligne continuent.

Désormais les voyous s'attaquent même aux étrangers. A Xian, depuis deux ans, un gang découpe au rasoir les sacs à dos des routards dans les bus. La police laisse faire et de toute façon personne ne veut témoigner... Pour un étranger ? Nous les détestons.

Le « typhon » a surtout frappé les marginaux et les gens du peuple. Plus ils sont haut placés, moins les cadres et leur famille sont inquiétés.

Ils ne peuvent tomber que pour l'exemple quand leurs méfaits deviennent trop voyants.

Ainsi le petit-fils de l'illustrissime maréchal Zhu De*, qui dirigeait un gang et pratiquait en toute impunité la contrebande, les partouzes, les viols et le vol, a finalement été arrêté pendant la terreur de septembre 1983. Sa grand-mère, Kang Keqing, la veuve du maréchal, la présidente de la Fédération des femmes chinoises, supplia Deng Xiaoping de l'épargner.

En vain. Son petit-fils fut exécuté avec les autres membres de sa bande.

Pour l'exemple.

Mon ami Quan Zhong, qui préférait se faire appeler Silver, a lui aussi été appréhendé durant l'été 1983 et condamné à trois ans de camp de travail forcé pour « avoir présenté des Chinoises à des étrangers ». J'avoue l'avoir aidé en 1982 en proposant ses services à des hommes d'affaires de Hong Kong.

Silver n'était ni proxénète ni contestataire. Noceur impénitent, il revendiquait le droit à la liberté et militait pour la copulation internationale.

Trois ans de camp.

Trois seulement et trois pour l'exemple puisqu'il était fils de ministre.

* Fondateur de l'Armée populaire de Libération, l'égal de Mao après la Libération.

ADHÉRER AU PARTI

*Pingquan – province du Hebei.
Une jeune fille souhaite adhérer au Parti communiste. Son leader refuse de la parrainer parce qu'elle porte des jupes en été. Dans l'esprit de certains dirigeants, « communisme » rime avec pauvres habits, pieds sales et odeur de transpiration.*
(Le Quotidien du peuple, 2 décembre 1986).

COMMENT SE TRANSMET LE POUVOIR EN 1985.

Tel père, tel fils.

NIE RONGZHEN
Maréchal
(décédé)

ZHOU ENLAI
Premier ministre
(décédé)

LI WEIHAN
Révolutionnaire,
membre fondateur
du Parti
(décédé)

DING HENGGAO
(gendre)
Président
de la Commission des Sciences,
de la Technologie,
et de l'Industrie
pour la Défense nationale.

LI PENG
(fils adoptif)
Vice-Premier ministre

LI TIEYING
(fils)
Ministre
de l'Industrie électronique

ZOU TAOFEN
Révolutionnaire
(décédé)

YE JIANYING
Maréchal
(décédé)

WU YUZHANG
Membre fondateur
du Parti
(décédé)

ZOU JIAHUA
(fils)
Ministre
de l'Artillerie

(époux)

YE CHUMEI
(fille)

YE XUANPING
(fils)
Gouverneur
de la province
de Canton

(époux)

WU XIAOLAN
(fille)
Vice-maire
de la zone
économique
spéciale
de Shenzhen.

Silver, en 1982, c'était les filles, les fêtes, le rock, le scotch, les cigarettes Moore, les costumes trois pièces à rayures fines. Il avait deux ou trois ans d'avance sur son époque.

La nuit, il empruntait la voiture officielle de papa et organisait des soirées dans de somptueux appartements de fonction où je le rejoignais déguisé en Ouïgour pour tromper les voisins et les gardes à l'entrée.

Luxe effréné : cinq pièces, cuisine, salle de bains, téléviseur couleur, magnétoscope, mobilier laqué, téléphone… Jeunes gens modernes ! Ça danse, ça flirte tard dans la nuit. Silver se procurait devises et produits occidentaux avec le tampon dérobé à son père.

En 1985, Silver bénéficie d'une remise de peine et est aussitôt libéré. A présent, il estime que je suis « mauvais ». Il refuse de me voir et interdit à sa sœur de me rencontrer. Elle ne l'écoute plus. Elle le hait :

– Il a été rééduqué et maintenant, il soutient le Parti. Il a été nommé cadre et il s'est marié.

Elle est triste. Elle aussi a changé. En 1982, elle s'habillait comme s'habillent en 1986 les jeunes Pékinoises, avec du rouge et du jaune. Aujourd'hui elle porte des chemises et des jupes marrons ou grises. La politique ne l'intéresse plus. Elle ne parle que de s'enrichir. Tout le monde ne parle que de ça.

Devenir riche ! Riche ! Riche !

Depuis le lancement de la campagne contre les délits économiques en 1982, la presse relate chaque jour des histoires de cadres pourris.

Pour éduquer les masses.

Par exemple, à Anyang en octobre 1982, quatre directeurs municipaux sont condamnés à la prison à perpétuité pour avoir détourné 930 000 yuans (vingt mille ans de salaire) en revendant des tracteurs, des voitures et des motos appartenant à la ville.

Le même mois dans le Sichuan, ce sont cinq fonctionnaires qui sont interpellés au retour d'un voyage en Suisse pour avoir gonflé leurs notes de frais et accepté cinq mille dollars de pots-de-vins et des montres.

L'accélération de l'ouverture du pays a banalisé ce genre d'escroquerie. Pour un leader ou un cadre, les voyages d'affaires sont la seule chance de sortir du pays. Ils les recherchent d'autant plus que le gouvernement, soucieux de préserver l'image de la Chine dans le monde, lui offre avant de partir un costume occidental, des réservations dans les hôtels les plus luxueux et des frais de mission. Sans compter les cadeaux des compagnies étrangères : cognac, appareil photo, téléviseur ou frigidaire qu'il ramènera à son retour.

En 1986, le père de Fidèle Prosper s'est organisé avec d'autres cadres de son unité un périple en Allemagne fédérale pour acheter des machines-outils.

□ « Retour de l'Occident sans avoir acquis du savoir mais en ramenant des télés, des frigidaires, des caméras… pour soi ». *Allusion au célèbre roman du XVIᵉ siècle : Le voyage en Occident (A l'époque de la dynastie Tang, un moine est envoyé par l'empereur en Inde pour étudier le bouddhisme et ramène en Chine les textes sacrés). (Quotidien de Wenzhou, 11/3/1987).*

Il adore narrer son voyage. Il en parle les yeux brillants d'excitation. Il décrit le luxe de sa chambre d'hôtel, les innombrables variétés de bière et la propreté des villes-lumières capitalistes.

Il s'est acheté un appareil photo japonais qu'il a fait passer sur sa note de frais et a accepté le téléviseur offert par les Allemands bien que ce soit strictement interdit.

Quant aux machines-outils, il n'en parle jamais.

Les étudiants boursiers du gouvernement chinois à l'étranger profitent aussi largement de ce concept essentiel : sauver la face de la Chine et montrer aux étrangers que les Chinois ne sont inférieurs en rien.

Ils reçoivent huit cents yuans pour se monter une garde-robe décente ; et leur bourse mensuelle est très honorable et dépasse parfois le salaire moyen du pays d'accueil : cent dollars au Népal, cent cinquante dollars en Yougoslavie, quatre cents dollars aux Etats-Unis.

Chez nous, si depuis la Libération, le pouvoir appartient au peuple, il a immédiatement été confié au leader, notre représentant et notre serviteur. Peut-on le comparer au mandarin ? Les paysans n'hésitent pas à le faire.

En ville, le cadre détient un pouvoir impalpable mais absolu qui lui vient directement de son supérieur et que nul n'ose contester. La pyramide hiérarchique chinoise est complexe. Au sommet, Deng Xiaoping, chef des armées, préside sans mandat et règne sans trône.

Dans ce système, l'ouvrier ignore si son patron est le directeur de l'usine ou toujours comme autrefois le secrétaire du Parti. Au bas des documents officiels ne figure que la même signature anonyme : le tampon rouge de son unité.

Octobre 1986.

Ni Xiance, gouverneur de la province du Jiangxi est destitué. Huit mois plus tard, il est condamné à deux ans de prison. Il a commis le crime d'adultère avec une femme mariée et utilisé ses prérogatives pour augmenter le salaire et le statut social de sa maîtresse...

Quand la Banque de Chine refuse au frère de la jeune femme un prêt pour régler une amende pour des magnétoscopes introduits en contrebande, Ni Xiance lui attribue deux millions de yuans prélevés sur le budget provincial pour acheter son innocence.

Les Chinois ignorent la loi.

Cette lacune est excusable puisque le premier Code pénal et le premier Code de procédure pénale de la République populaire de Chine ne furent promulgués que le 1er juillet 1979. Avant, les tribunaux jugeaient selon les directives des cadres et, en 1987, cette règle: « Ma parole est la loi » imprègne toujours l'esprit des leaders et des citoyens, des juges et des accusés.

Soucieux de changer ces mentalités, Deng a lancé ces dernières années plusieurs campagnes d'éducation juridique ∎

CAMPAGNES D'ÉDUCATION JURIDIQUE

Dans un petit village près de Yongzhou, dans le Hunan, un jeune paysan a violé sa sœur. Il n'éprouve aucune culpabilité mais ses parents estiment qu'il a humilié leurs ancêtres et jeté la honte sur toute la famille. Aidés par quelques voisins, ils enferment leur fils dans un sac et le noient dans la rivière. Six cents personnes assistent passivement à cet assassinat. Certains disent encore : « Quand l'enfant est mauvais, il doit être tué par ses parents »...

Un paysan aide sa mère paralytique à se suicider. Durant son procès, il ne comprend pas le caractère criminel de son acte et s'étonne lorsque le tribunal le condamne à la prison à vie. « Mon acte est juste car j'ai obéi à ma mère. » Dans certaines régions, les gens sont stupides et ignorants.

Avril 1982 à Kunming.

Feng Zhi, un policier de vingt-sept ans utilise son pistolet pour tuer sa femme. Il prétend avoir tiré accidentellement dans la tête de son épouse en nettoyant son arme. La police le place en garde à vue une semaine puis le relâche car il est sympathique et policier comme eux.

Mais sa belle-famille proteste. La police rouvre l'enquête et l'inculpe. Quinze mois plus tard, il est condamné à mort et privé à vie de ses droits politiques (sic!).

(Collections juridiques – Editions nationales du Guangxi – 1986).

HISTOIRE D'UN CRIME

Zhou Guozhi, 19 ans, est un paysan du canton de Wenchang dans l'île de Hainan. Il a emprunté deux mille yuans à une banque pour monter une affaire de noix de coco. Il festoie, dilapide tout et disparaît. Le 24 février 1986, dans un canton voisin, il sympathise avec un magasinier. Ce dernier prétend être très riche et l'invite le 25 chez lui.

Pendant le repas Zhou Guozhi l'assomme de six coups de marteau, l'étrangle et le poignarde.

Il cherche aussitôt le trésor du magasinier – en vain –, débite son cadavre à la hache et cache les morceaux dans deux poubelles qu'il emmène dans sa fuite à Haikou, la capitale de l'île.

Six jours plus tard, la police arrête Zhou Guozhi chez lui à Wenchang. Le Tribunal populaire de Haikou le juge en mai avec d'autres criminels devant les masses réunies dans le stade municipal de football. Le soleil cogne ; les spectateurs s'abritent sous de larges chapeaux de paille et écoutent avec intérêt les débats. Les masses s'éduquent.

Un poteau dans le dos couverts d'idéogrammes : « Verdict pour un tueur », Zhou Guozhi est conduit sur un terrain vague où deux policiers l'exécutent d'une balle.

☐ Le procès :
– les accusés avec Zhou Guozhi en avant à droite.
– la Cour populaire.
– la pièce à conviction : une des poubelles pleines des morceaux du magasinier.
– les spectateurs.
– l'annonce du verdict et la réaction de Zhou.
– l'exécution capitale.

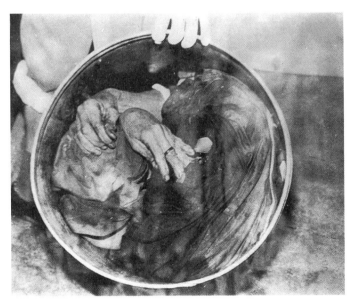

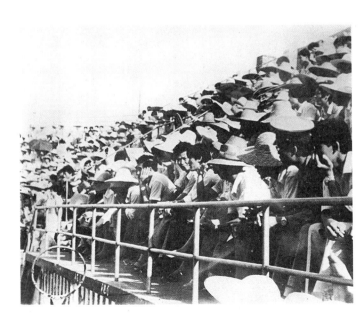

JOURNAL D'UN BOURREAU

(publié le 6 janvier 1987 dans *le Quotidien de Wenzhou*).

Ici nous ne sommes pas sur le front sino-vietnamien mais le cœur des soldats palpite peut-être plus qu'à la guerre. Pour la première fois, je vais administrer la peine capitale.
– Demain matin, nous annonce le chef d'escadron, le tribunal populaire rendra la justice en public dans le stade. Une haute autorité nous a chargés d'escorter les criminels.
Puis il me convoque dans son bureau. Il allume une cigarette et me parle avec gravité.
– L'un des dix criminels qui seront jugés demain est condamné à mort. Notre cellule du Parti t'a désigné comme « premier bourreau ».
J'hésite un moment avant de répondre fièrement :
– J'accepte. Je remplirai ma mission.

La pause de midi. Je suis étendu sur le lit. Pas sommeil. Souvenir des événements de la matinée. J'ai promis au chef d'abattre un être vivant... de plonger son cœur dans le silence éternel.
Par la porte entrebâillée, j'aperçois le chef. Il griffonne dans un carnet, la cigarette entre les doigts. Il m'aperçoit et me fait signe de le rejoindre. Il m'invite à m'asseoir. J'ouvre la bouche mais ma gorge est serrée et les mots sortent difficilement.
– Chef, je ... heu... Je...
– Tu as peur ?
Il se lève. Il jette son mégot.
– Tu te rappelles cette affaire ?
Aussitôt, je revois le vieil homme étendu dans une mare de sang et soudain mes craintes s'évanouissent. Une brute sanguinaire capable de commettre un acte aussi abominable mérite la mort. C'est juste et je comprends le sens et la grandeur de l'arme dans la main du bourreau. Le coup de feu de la justice sera la loi de la justice.

Au coup de sifflet, je saisis mon fusil.
Demain, j'accomplirai mon devoir et le chef a avancé mes heures de garde.
Ce soir, le ciel est rempli d'étoiles. Dans le square, sous la lune, les amoureux se serrent sur les gradins. Ils se murmurent des mots tendres. En face, le nouveau dortoir des agents de la Sécurité publique distille une musique suave. Quelle magnifique soirée !
J'ai une pensée pour le criminel que je fusillerai dans quelques heures. Il n'a que vingt ans ! Il aurait dû, lui aussi, connaître le

bonheur et la sérénité. Mais il aimait la vie facile et il détestait le travail. Il a cherché le plaisir, il a joué, il a volé, il a tué... Il a ruiné sa vie... Si jeune !

Dring ! Dring ! Dring !
Le réveil sonne.
Quelques instants plus tard, le poste de police se remplit de juges graves et de policiers en armes. La porte de la salle d'interrogatoire s'ouvre et nous sortons les criminels.
Le procès commence à l'heure mais je quitte le stade avant la fin et une jeep de la police me conduit rapidement sur une petite colline où aura lieu l'exécution. L'herbe y pousse drue. La verdure mousse de lumière. J'enfile une baïonnette au bout de mon fusil et je dessine un cercle dans la terre.
Les camarades du tribunal ouvrent un dossier officiel et réclament nos signatures.
– Premier bourreau !
Je lève le bras. Ils me tendent un stylo. La pointe appuie sur le papier.
– Matricule 03... Matricule 03... Le procès est terminé. Le camion du condamné a quitté la ville.
Je ne peux empêcher mes mains de se crisper sur la crosse du fusil.

J'arme. Je glisse la balle. Mes doigts tremblent. Le criminel s'agenouille dans mon cercle et j'appuie la baïonnette contre son dos.
– Prêt ?
– Feu !
La gâchette s'est détendue. Mes mains tombent. Tête qui tourne...
Mais, finalement, j'ai accompli avec satisfaction le devoir sacré que m'a confié le peuple.

Wu Qiuheng
Policier soldat (équivalent de nos gardes mobiles)

A Pékin, chaque ruelle possède son policier attitré. Il surveille, arbitre, enquête et délivre les papiers. Gloire et moi avons toujours affaire au même, pour nos permis de résidence, le passeport de Gloire ou pour convaincre mes beaux-parents de me rencontrer...
Ce jour-là, nous croisons dans le bureau de la Sécurité publique un ami de Gloire, dépendant du même agent que nous, qu'elle n'a pas vu depuis de nombreuses années.
Il a dix-huit ans. Mince, grand, sans signes particuliers. Il vient de sortir d'une école spéciale : le Centre de rééducation pour les mineurs délinquants d'Andingmen. C'est la seule institution de ce genre dans la capitale et douze à quinze cents garçons y sont internés.
– Nous sommes des prisonniers, dit-il, nous ne sommes pas des étudiants. Tous les instituteurs sont des policiers-soldats et ils n'enseignent rien.

Il rectifie :

– Les élèves apprennent le droit criminel et le règlement de l'établissement !

Chaque matin, ils sont réveillés au porte-voix à des heures variables pour pratiquer des exercices militaires dont la durée est également variable.

Il se plaint :

– C'est dur à quatorze ans d'effectuer, à l'aube, le parcours du combattant, par moins dix, moins quinze degrés. Ensuite, ils nous répartissent en groupe et nous travaillons toute la journée dans des ateliers. Nous fabriquons des boîtes, par exemple... Le pire, pour nous, les citadins, c'est le travail aux champs. Labourer, semer le blé, repiquer le riz : c'est épuisant. Le soir tombe et quand nous allons nous coucher, nous n'avons étudié ni la littérature, ni les mathématiques, ni la biologie.

Selon lui, le travail forcé n'est pas une rééducation mais une punition.

– Nous devrions au moins être éduqués faute d'être rééduqués. Ceux qui veulent vraiment étudier ne peuvent le faire que par leurs propres moyens ; si leur famille leur envoie des livres car le centre ne possède pas de bibliothèque. Ce n'est pas une école, c'est une prison !

Il a été condamné à cinq ans de rééducation pour s'être battu dans la rue à coups de couteau. Il avait treize ans.

Parfois des étrangers visitent le centre. Les locaux doivent être impeccables. Nettoyage général, répétition des rôles pour la présentation de l'école.

– Et la nourriture ? je lui demande.

– Du riz. De la bouillie de maïs. De la soupe.

– De la viande ?

– Jamais. Je n'ai jamais vu un morceau de viande pendant cinq ans.

Il a été libéré en août 1986. Il dit très sérieusement.

– J'ai été diplômé en août.

Dès sa sortie, il cherche du travail. L'Union de la jeunesse lui répond :

– Dans ce quartier, plus d'un millier de jeunes sont en attente d'un emploi. Pourquoi veux-tu que nous te donnions du travail, à toi qui es un petit voyou alors que tant d'autres sont plus qualifiés ?

Sans carte de travail, sans carte d'étudiant, il se rend au bureau de la Sécurité publique pour obtenir des papiers d'identité.

– Plus tard ! Plus tard ! répond notre policier.

Sans travail et sans moyen d'en obtenir, il se résout à vendre sa bicyclette et achète un billet de train pour Canton. Il compte y acheter un lot d'articles à la mode pour les revendre à Pékin. Mais avant de traverser le Yangtse, la police surgit dans son wagon et comme il ne peut exhiber le moindre papier d'identité, il est renvoyé à Pékin.

Quand nous le rencontrons, il espère ne pas replonger. Une usine a vaguement promis de l'embaucher d'ici un an ou deux, lorsqu'il aura prouvé ses bonnes intentions vis-à-vis de la société. Il supplie notre policier de le recommander aux leaders de l'usine. C'est sa troisième tentative. Les deux premières fois, le flic a refusé tout net. En notre présence, il marmonne qu'il y pensera... Oui... Oui, il essaiera de faire quelque chose pour lui.

Nous sortons ensemble du commissariat.

La vague promesse du flic lui a remonté le moral. Il dit avec un sourire désabusé.

– Le marxisme est un mensonge. Il s'oppose à la vérité. Si tu casses une tasse, les gens te critiqueront durement mais si tu brises la théière, personne n'osera rien te dire. Je veux tirer un trait sur le passé, qu'ils me donnent un travail et des papiers d'identité. C'est tout ce que je demande. Je crois au destin, pas en Marx.

Nous discutons tout en marchant et il nous parle des pénitenciers pour adultes de la capitale, de la prison numéro deux, situé à Zixinlu – établissement modèle souvent cité en exemple –, et des deux centres de rééducation par le travail forcé de Tuanhe et Liangxiang que le gouvernement appelle des « fermes ». Nous évoquons le problème de la torture, mais ni lui ni moi ne pouvons en témoigner. Si j'ai beaucoup fréquenté les bureaux de la Sécurité publique, la prison m'a été, jusqu'ici, épargnée.

Sur le problème de la torture, la propagande communiste et Amnesty International divergent.

Qui croire ?

Le très populaire mensuel communiste *Jeunesse moderne* traite de la torture en prison dans son numéro de janvier 1987 à travers une longue enquête sur un criminel repenti. L'évocation de ce problème dans une publication exclusivement destinée aux Chinois ne nous surprend pas. Nous en avons entendu parler. Les flics sont des chiens et malheur à ceux qu'ils tiennent entre leurs crocs.

Je le sais. Nous ne devons pas dévoiler nos points faibles aux étrangers et tout au long de ce livre, Gloire et moi avons trahi notre pays. Avant tout, nous sommes des traîtres ! J'en suis conscient. Voici néanmoins un extrait de cet article de *Jeunesse moderne* :

« *Li Jinlong, 26 ans, inculpé une vingtaine de fois, incarcéré en prison et en ferme, a toujours refusé d'avouer ses crimes et de plaider coupable malgré la pression de ses gardiens. Ceux-ci, au mépris des règles sur le traitement des prisonniers, l'ont torturé. Ils l'ont ligoté, pendu, frappé. Ils lui faisaient prendre l'avion,* * *ils le cognaient à coups de pelle jusqu'à ce que le manche casse. Un matin, ils l'ont même conduit sur un terrain d'exécution... pour l'effrayer.* » ∎

155

* Technique connue de tous les Chinois qui consiste à tirer les bras du torturé en arrière et les lever aussi haut que possible comme des ailes.

□ Chalutier taïwanais dans le port de Sanya.

PÊCHEURS DE TAIWAN

1987, le port de Sanya, trois jours avant le Nouvel An chinois (lunaire).

C'est la saison sèche et j'aime me promener avec Gloire sous le toit de cette nuit tropicale où les étoiles ne se comptent pas.

Un groupe d'une dizaine d'hommes marchent dans l'obscurité sur la plage. Ils rentrent au port. Ils transportent des caisses sur leur dos. Ils sont habillés comme des étrangers et portent des jeans, des polos, des tennis.

Ils parlent chinois avec un accent sifflant.

Le policier qui les filait les lâche et je les aborde quelques instants plus tard.

– Vous êtes de Taiwan ?

C'est ça. Ils viennent de Taiwan. Ils sont pêcheurs.

Leur bateau a accosté à Sanya dans l'après-midi pour éviter une tempête qui sévit en haute mer. Ils en rient et nous discutons amicalement.

Nous sommes comme eux des Chinois, mais du continent et nos questions candides leur semblent normales et ils nous répondent. Ils disent : « *A Taiwan les routes sont goudronnées et éclairées... Ici, il y a des flics partout et vous êtes si pauvres...* »

Ils ont l'impression de vivre une grande aventure. Explorateurs intrépides d'une jungle communiste, infâme et crasseuse, truffée de dangers.

Chemin faisant, leurs langues se délient.

Ils nous expliquent le véritable but du périple continental des pêcheurs taiwanais.

Ils prétextent un gros vent en mer pour se réfugier dans un port du continent et contrairement à la propagande communiste ils n'en profitent pas pour effectuer un voyage nostalgique, visiter leurs grands-parents restés ici, courir les musées ou découvrir la mère patrie.

Ça ne les intéresse pas.

Ils sont là pour faire de la contrebande.

Ils achètent des médicaments traditionnels (aphrodisiaques, fortifiants, ginseng et surtout de la peau d'âne crue décoctée, une spécialité du Shandong qui soigne la constipation, la toux, les règles douloureuses...) qu'ils revendent à prix d'or chez eux.

Ils échangent aussi les poissons ordinaires qu'ils pêchent dans les eaux peu poissonneuses de Taiwan contre des espèces recherchées par les gastronomes fortunés de Taipei et qui vivent le long des rivages du continent.

Le soir, ils font la fête en ville dans un hôtel et comme le souligne leur chef : « *Ce n'est pas cher en Chine !* » ■

WENZHOU, CAPITALE DES PATRONS

Le roi m'a accordé une audience et je pue le chien mouillé.
Après deux jours de route dans un car défoncé, j'atteins enfin Wenzhou, à quatre cents kilomètres au sud de Shanghai. Il pleut à verse, depuis des semaines, et le fleuve charrie des tonnes de boue et d'ordures.

Les rizières sont désertes. Au milieu des champs se dressent les immeubles pimpants de la « capitale des patrons ». C'est le surnom officiel de Wenzhou.

Wang Yongzheng est le plus riche de tous. C'est un roi. Un vrai. La population l'appelle ainsi. Le roi. Le roi des boutons. Il habite à Qiaotou, la nouvelle zone industrielle textile totalement privée. C'est le bout du monde. Un coin de paradis avec une source, de vraies montagnes bleues et des bambous.

Le roi m'accueille à ma descente du car. Pas de salamalecs mais une franche et cordiale poignée de mains. Il porte bien sa quarantaine et exhibe une monstrueuse dent en or blanc plantée au milieu de la bouche. Ses grosses bottes de laboureur et son costume Mao sont une curieuse tenue d'apparat.

Est-ce bien lui ?

Il m'offre une cigarette américaine et m'ordonne de le suivre.

Nous grimpons le chemin de terre qui serpente à travers le village. Je comprends pourquoi le roi est ainsi équipé. Il trace devant moi et je patauge dans la boue.

Des immeubles neufs de deux ou trois étages émergent d'un nuage opaque de plastique brûlé.

Le claquement infernal des machines qui cisaillent la ferraille se mêle à l'incroyable musique disco que déversent des hauts-parleurs accrochés aux poteaux électriques. A Qiaotou pas de propagande ni de directives du Parti.

– Ici, me dit le roi avec fierté, les paysans vivent en appartement et possèdent tous leur entreprise.

Nous pénétrons dans une halle couverte. C'est le fameux marché de Qiaotou.

Des milliers, des millions, des milliards de boutons, de fermetures éclair, de badges rutilants qu'une centaine de vendeuses d'une quinzaine d'années offrent à la clientèle. Plus de mille cinq cents modèles de rondelles multicolores percées de un, deux, trois ou quatre trous.

– C'est le plus grand marché aux boutons du monde ! souligne le roi d'un air hautain.

□ Wang Yongzheng, roi des boutons.

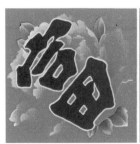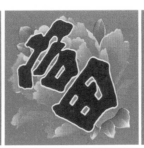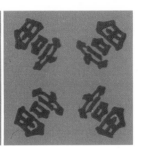

 Qiaotou, le plus grand marché aux boutons du monde.

Les chiffres parlent d'eux-mêmes. Chaque jour, de la frontière soviétique au Tibet, trois mille commerçants accourent ici et achètent pour deux cent cinquante mille francs lourds de boutons, soit onze millions de pièces.

Et tous ces cercles, ces carrés, ces couleurs, la montagne bleue, le synthétique cramé, les vingt hôtels privés, la boue, la source, les chiffres me tournent la tête.

J'interroge des vendeuses sur l'origine et la matière de leurs produits. Elles me répondent en donnant des noms célèbres : « made in Hong Kong, Shanghai, Canton... Coton, or, cuir... » mais tout n'est que toc, nylon, polymachin, déchets et récupérations, travaillés ici même dans le flanc de la montagne. Comme me l'explique Petite Prune qui, à dix-huit ans, possède son propre stand de grossiste :

– La fraude n'est pas méchante. Mes produits sont les meilleurs... Bien supérieurs à ceux des usines d'État de Shanghai ou de Canton. Et bien moins chers ! Regarde ! dit-elle en désignant la cohue des acheteurs. Ils le savent, eux !

« Faire de rien quelque chose », voilà la devise géniale de Wenzhou. Ici, tous les patrons, y compris le roi, sont des paysans qui ont réinventé le capitalisme en 1979, au moment de la prise de pouvoir de Deng Xiaoping. Ils ont installé dans leurs masures un rouet, une machine à coudre, une poinçonneuse à bras et les bénéfices ont suivi et l'usine, les buildings, les succursales, la fortune. Un business a jailli des rizières et donné naissance à un nouvel adjectif : *Wenzhoumoshi* (à la Wenzhou)

Le roi ne cesse de m'obliger à fumer ses cigarettes américaines. C'est la mode des nouveaux riches de ne pas terminer les mégots et d'en allumer immédiatement une nouvelle.

Petite Prune travaille depuis l'âge de quinze ans. De sept heures du matin au crépuscule. Elle est plus élégante qu'une Pékinoise : fuseau noir et le visage excessivement fardé pour blanchir son teint.

Je lui demande son salaire... Refus !

– Allez... je ne suis pas le percepteur.

Cet argument la décide. Elle rougit.

– Chaque mois, je paie soixante-dix yuans de patente (soit l'équivalent d'un salaire à Pékin) et..., je gagne... deux cents yuans environ.

En Chine, la peur et la haine du percepteur sont récentes. Des patrons et des commerçants vont même jusqu'à cogner sur les collecteurs d'impôts.

Nouvelle Malboro extra-longue et le roi me tire par le bras. Il a installé ses bureaux dans l'une de ses onze maisons, un immeuble de quatre étages qui se trouve être le plus haut du village. Toute la famille vit ici. C'est « à la Wenzhou ». Et les cousins, les oncles, les nièces et le reste travaillent, dorment et mangent chez le roi. Dans son bureau, au-dessus du téléphone, trônent les quatre drapeaux décernés par le gouvernement populaire : «patron modèle», «patron héros», etc.

Il s'est lancé en 1981 en investissant toutes ses économies : à peine deux mille yuans. Six ans plus tard, il règne sur un empire et il est devenu le magnat incontesté du bouton. Mille références à son catalogue, quatre usines, onze boutiques réparties dans les dix plus grandes métropoles chinoises et un millième des actions du Grand Magasin de Wuhan, l'un des dix plus importants du pays.

– Je dirige cent quatre-vingts salariés... Tous originaires de Wenzhou, même ceux qui travaillent à Pékin.

Il insiste sur ce point car c'est à « l'esprit Wenzhou » qu'il doit sa réussite. Il me raconte que tous les boutons vendus aujourd'hui dans les grands magasins de Pékin sont fabriqués dans ses usines de Qiaotou. Il m'explique comment il a écrasé la concurrence des entreprises d'État.

– Nous pratiquons une meilleure gestion et nous voulons vraiment vendre nos produits. Pas de gaspillages !

Il paie ses ouvrières entre cent et deux cents yuans selon leur productivité. Le double ou le triple des salaires pratiqués dans les usines d'État. Il plaisante :

– Moi je travaille vingt-quatre heures sur vingt-quatre.

C'est presque vrai. Tous les soirs, et même dans le courant de la nuit, il reste accroché à son téléphone à manivelle pour prendre personnellement les commandes de réapprovisionnement de ses représentants dispersés à travers le pays. Personne d'autre n'a le droit de prendre les communications. Défense absolue !

Et le lendemain, à l'aube, les caisses de boutons sont immanquablement dispatchées.

– Je veux tout contrôler. Le marché, l'évolution des ventes, les stocks... Pour chaque référence.

Souvent, il saute des repas. C'est impensable pour le directeur ou le secrétaire du Parti d'une usine d'État car en Chine « le temps de déjeuner » est un acquis inaliénable.

– Vous gagnez combien ?

– ... ? ... Je n'en sais rien !

Secret !

En 1986, le Premier ministre est venu le saluer. Je lui demande s'il ne craint pas qu'un jour l'État et le Parti lui confisquent tout.

Il esquisse un sourire fataliste :

– Tout peut arriver... Je redeviendrai le paysan que j'étais.

Comment utilise-t-il sa fortune ?

Il investit. Il voyage de palace en palace... pour ses affaires. Non, il ne possède pas de voiture.

– Je n'ai pas de permis. Personne dans ma famille ne l'a. Il faudrait engager quelqu'un de l'extérieur... C'est si simple de louer une voiture. Un simple coup de téléphone et elle est là. Ce n'est que l'affaire de quelques milliers de yuans (salaire mensuel moyen : soixante yuans).

□ Une usine de boutons.

☐ La « cité paysanne » du Port du Dragon. Il y a un an ce paysage n'était que rizières.

Il embauche son personnel dans les montagnes des environs. Des filles d'une quinzaine d'années. Tous les paysans patrons de Wenzhou recrutent ainsi.

Je visite une dizaine d'usines de boutons. Partout le même scénario : jeunes paysannes surpayées, s'usant sept jours sur sept sur un tour, une perceuse, une presse, dans un bouge, à la lueur pisseuse d'une lampe sous-voltée. Et ça claque, et ça scie, et les petits doigts agiles glissent le plastique, retirent prestement le bouton, et ça coupe, et ça tranche, et ça dure des heures dans le noir, la sciure, l'odeur du synthétique, ça claque, ça cingle, ça claque.

Aucun rapport avec les usines d'État où sur dix ouvriers, il y en a toujours deux ou trois qui fument une cigarette dans un coin ou discutent et rigolent assis sur une caisse.

Au-dessus des ateliers, les dortoirs où les ouvrières mangent et dorment. Selon la Fédération des femmes chinoises, il n'existe qu'une toilette pour trois cent cinquante travailleuses. En cas d'accident ? De maladie ? C'est le problème de la fille. Toutes celles que j'interroge sont heureuses de travailler ici. Et fières. Elles insistent :

– Je gagne cent cinquante yuans.

Et elles s'achètent du maquillage et fréquentent les salons de coiffure de luxe qui fleurissent à travers la campagne.

A Wenzhou, quatre-vingts pour cent des paysans sont des patrons. Plus personne ne cultive la terre. Le gouvernement s'en inquiète et distribue gratuitement les terres à ceux qui se résignent à les travailler. Ce sont les plus pauvres et ils le restent. Ils n'ont pas réussi à économiser le millier de yuans nécessaire au démarrage du moindre business et contrairement à ce que prétend la propagande, les banques ne prêtent pas.

Sur un autre bras du fleuve, toujours en bordure de Wenzhou, le village de l'Éléphant Blanc et le Port du Dragon ont été baptisés : « cités paysannes ».

Là où se trouvait il y a un an une mosaïque de rizières, se dressent à présent des centaines d'immeubles de quinze mètres de haut, tous identiques.

Urbanisme quadrillé. Chaque paysan a acheté son HLM privé, et tard dans la nuit, installé au rez-de-chaussée, il étalonne des voltmètres tandis que sa femme, ses filles et ses ouvrières bobinent des transformateurs.

Les paysans patrons de l'Éléphant Blanc viennent même de se regrouper dans un syndicat patronal. Ils sont déjà cinq cents membres.

Monsieur Lin est le roi du transfo.

La trentaine, costume à l'occidentale, brushing, des allures de play-boy, il m'expose ses méthodes de travail et de gestion. Les mêmes que celles de Qiaotou et ses ouvrières sont payées à la pièce.

– Je gagne trente mille yuans par an (quarante ans de salaire moyen), m'avoue-t-il sans rechigner.

Depuis cinq mois, sa femme et son frère gèrent l'entreprise. Lui, il loue un taxi à la semaine et consacre son temps aux filles et à l'alcool dans les hôtels du centre ville.

– L'amour, dit-il très sérieusement, c'est comme la cuisine. Ce n'est pas drôle de manger tous les jours le même plat.

Il exhibe sa montre en or et une chevalière maousse. Magie de l'or ! Les vitrines de bijoutiers regorgent de bagues et de pendentifs monstrueux.

– Une de mes ouvrières de dix-sept ans a économisé trois ans de salaire pour s'acheter une chaîne avec un œuf en or.

Comme tous les hommes de Wenzhou, monsieur Lin adore le jeu et la pornographie. C'est leur passion. Vidéos pornos ou poker le soir au village en sortant de l'atelier. Ils parient même sur le ferry pendant les dix minutes que dure la traversée du fleuve. Casino de fortune. Dans la cale, un nain jette une marelle. Les passagers s'agglutinent. Rouge ou noir ? Tête ou valeur ? Trois contre un ! Qui prend ?

A Wenzhou, les tripots ne se comptent plus. Monsieur Wang du *Quotidien de Wenzhou* me raconte cette histoire :

– En avril 1986, Lingfeng, un pauvre village perdu dans la montagne à deux heures de marche, a emprunté à monsieur Lan, un riche paysan, deux mille yuans pour s'électrifier. Incapables de rembourser cette dette dans les délais voulus, les leaders de Lingfeng ont ouvert un tripot communal et recruté neuf croupiers. L'endroit est rapidement devenu célèbre. Deux à trois cents paysans s'y précipitaient tous les soirs. La commune a embauché trente nouveaux croupiers et les caisses du village se sont remplies. Dans le tripot, ça buvait, ça mangeait, ça pariait et ça se terminait chez les habitants qui louaient leurs chambres pour la nuit. On y laissait même les femmes et les hommes coucher ensemble sans vérifier les certificats de mariage.

Le Bureau de la Sécurité publique a fermé ce premier casino municipal de Chine le 25 novembre dernier. Un coup de frime de la police destiné aux journalistes et aux idéologues du Parti car Wenzhou ne change pas... Dans l'arrière-salle des restaurants, je retrouve toujours la même ambiance : une dizaine d'hommes serrés autour d'une table ronde. Bougies. Tabac. L'alcool de riz empeste. Des cris. Parties de poker ou de mahjong enragées qui durent juqu'à 3 ou 4 heures du matin. Patrons et ouvriers mêlés, riches ou pauvres, ils jouent leurs salaires, les bijoux, les montres, les vélos, les motos.

Le matin, je flâne sur le port. J'aime espionner les frafiquants de dollars, de montres, de vidéo pornos... quinze yuans le jeu de cartes illustrées de sexe et de femmes blanches nues.

□ Casino de fortune sur le ferry.

☐ Monsieur Zhang, roi de l'œuf, dîne chez « Maxim's ».

Aujourd'hui, la pluie a cessé et les colporteurs n'agressent pas les paysans qui débarquent du ferry boat. L'air a un goût bizarre. Ce sont les premières heures de soleil de l'année et les policiers-soldats en profitent pour se montrer.

Dans le cadre du mouvement « Luttons avec sévérité contre la criminalité », ils promènent en camion à travers la ville une vingtaine de criminels, pancarte au cou. Certains sont condamnés à mort. Lui, il vendait des cartes pornos, lui, a parié, perdu et volé...

La foule se précipite, gamins, hommes et vieillards. Il fait bon ! On suce un esquimau, on suit le cortège, on montre du doigt les prisonniers et ce spectacle rare accroît la joie de vivre de la population en ce premier jour de printemps.

Comme le répète monsieur Wang :

– Wenzhou est un modèle pour la Chine. Tout le pays s'en inspire. Les délégations et les journalistes accourent. Ils s'informent, commentent, rédigent des rapports et de nouveaux rois naissent aux quatre coins du pays.

Dans l'île de Hainan, monsieur Chen est le « roi des algues » avec soixante mille yuans de bénéfices annuels. A Pékin, monsieur Zhang, membre du Parti et directeur de l'un des innombrables « bureaux » de la capitale, vend deux millions d'œufs par an et gagne deux cent mille yuans net (deux cents ans de salaire moyen). C'est le « roi de l'œuf ». Il possède sept voitures. Il est à la mode : il adore la cuisine française et régale sa famille et ses amis dans les salons du « Maxim's » que Pierre Cardin a ouvert à Pékin. Champagne, foie gras, timbale d'escargots – sans baguettes.

C'est un bon client ∎

□ « Luttons avec sévérité contre la criminalité », avril 1987.

PARADIS FISCAL

Octobre 1982.

Il y a dix ans, la ville de Shenzhen, poste frontière avec Hong Kong, était un bastion du Parti.

Aujourd'hui, les jeunes y militent toujours mais ils se nourrissent de hamburgers, portent des jeans et travaillent dans les supermarchés ou chez Pepsi Cola.

Shenzhen est l'une des quatre zones économiques spéciales instituées par le gouvernement central pour attirer en Chine les entreprises étrangères de haute technologie. Ces sociétés bénéficient d'avantages uniques en pays socialistes : impôts réduits, législation du travail plus libérale que marxiste. C'est ainsi qu'un ouvrier peut être licencié. Fini l'« emploi à vie » !

Ce premier paradis fiscal a été créé en août 1980. Deux ans plus tard, la population est passée de 20 000 à 350 000 habitants. Ville champignon.

Bulldozers et béton. Les Toyota encombrent les larges avenues bordées de buildings inachevés. Urbanisme quadrillé. Chantiers de titans.

La rue principale vient d'être terminée et les néons des boutiques étincellent entre les supermarchés.

Il est midi et j'entre dans un fast-food.

L'employée en toque et blouse blanches pêche dans les bacs en acier une cuisse de poulet et une portion de frites. Elle me tend un plateau en aluminium, un couteau et une fourchette. On n'utilise plus les baguettes. L'addition se règle en yuans ou en dollars de Hong Kong, au choix.

A Shenzhen, plusieurs monnaies circulent légalement et les ouvriers touchent vingt pour cent de leur salaire mensuel (cent vingt yuans = quatre cent trente deux francs) en devises. Si le coût de la main-d'œuvre est triplé par les charges sociales imposées par le gouvernement chinois, il reste moins élevé que celui de la main-d'œuvre de Hongkong.

L'usine de Pepsi Cola est située à l'est de la ville, au bout d'un long boulevard en terre battue.

Le directeur est un Chinois du continent, un fonctionnaire, et le vice-directeur, W.T. Lau, originaire de Hong Kong a été engagé par les Américains.

– L'usine est une entreprise mixte, m'explique-t-il. Cinquante-cinq pour cent des capitaux sont chinois et quarante-cinq pour cent appartiennent à Pepsi. Le contrat prévoit que dans quinze ans, la Chine aura récupéré tout le capital.

Deux ans de négociation ont été nécessaires pour lancer le projet en août 1981 et l'usine tourne depuis février 1982.

□ Shenzhen 1982.

– En septembre, reprend monsieur Lau, nous avons vendu 260 000 caisses de vingt-quatre bouteilles. A Hong Kong et à Shenzhen. Shenzhen représente trente pour cent de nos ventes, soit une consommation de cinq bouteilles de Pepsi par habitant et par mois... Sans compter le Coca Cola et une demi-douzaine d'autres sodas.

Dans les unités de travail de Shenzhen, le personnel dispose de quarante-cinq minutes pour le repas de la mi-journée.

– Nous attendons l'autorisation gouvernementale de verser des bonus aux meilleurs travailleurs pour stimuler la productivité.

Rien à voir avec les normes quotidiennes d'une entreprise chinoise ordinaire : cinq ou six heures de travail effectif, deux heures pour déjeuner, absentéisme toléré et salaires trois fois inférieurs à ceux de Shenzhen.

La direction de Pepsi peut déjà congédier les paresseux et les incompétents. Ce qui est impossible à Pékin, Shanghai, Xian ou Canton.

L'ouvrier mis à pied doit quitter la ville et repartir dans sa province.

Seuls les Pékinois peuvent obtenir un permis de résidence permanent à Shenzhen et rester quoi qu'il arrive car les leaders de ce bureau sont pékinois et favorisent leurs concitoyens.

Les ouvriers de Shenzhen sont choisis pour leur moralité socialiste exemplaire, parfois, pour leurs aptitudes professionnelles et la plupart du temps, par pur copinage.

Ils sont considérés comme des privilégiés. De nombreux jeunes descendent du Nord de leur propre initiative. La tête pleine de rêves de fortunes, ils se glissent dans la zone sans laisser-passer, en

□ Usine Pepsi de Shenzhen.

□ Shenzhen, la rue principale, ses fast-food, ses supermarchés.

□ Shenzhen 1987.

sautant les barbelés, cachés dans un camion ou un train. Ce n'est pas difficile.

Août 1987.
Les bulldozers continuent leur travail de fourmis. Le système des primes a été généralisé à l'ensemble de la Chine. Les salaires de Shenzhen évoluent entre cent cinquante et trois cents yuans (cent cinquante à trois cents francs. Entre 1982 et 1987 la chute du yuan a été vertigineuse : de quatre à un franc) et l'heure supplémentaire est payée trois dollars de Hong Kong (trois francs).
L'agence *Chine Nouvelle* annonce une augmentation des prix de dix pour cent par mois depuis le début de l'année à Shenzhen et précise : « *Cette situation préoccupante reflète les problèmes actuels de la Chine tout entière.* »
Depuis avril 1987, la Banque du Peuple de Chine émet des billets en coupures de cinquante yuans (la plus grosse coupure était jusqu'ici de dix yuans) et prévoit le lancement d'un billet de cent et la poursuite de l'inflation galopante.
Shenzhen minuit ou presque.
Plusieurs fois par mois, les flics organisent des descentes dans les hôtels et les dortoirs. Contrôle des papiers, des permis de résidence, des laisser-passer. Ils repartent déjà, ils embarquent les immigrants illégaux.

Shenzhen, 1982-1987.
Pour acquérir la technologie de pointe des Occidentaux, le gouvernement a mis au placard certains idéaux marxistes. Le bilan de cette course aux technologies d'avant-garde : une usine de boissons gazeuses (Pepsi), une verrerie, une usine d'assemblage de radio-cassettes (Sanyo), des fast-foods, des hôtels de luxe, des supermarchés...
Toujours des affaires immédiatement rentables.
A Zhongnanhai, Deng Xiaoping lui-même s'interroge : « Il faut encore voir si nous suivons la bonne voie. » (Le 29 juin 1985).
Au siècle dernier, après les défaites infligées par les Occidentaux, les Chinois pensaient qu'il leur suffisait d'acquérir les canons et la science de leurs adversaires pour les vaincre. Ils furent encore battus.
De la même façon, Deng pense qu'il nous suffit d'apprendre la science et le savoir-faire des métèques... Comme au siècle dernier nous nions leurs méthodes, leur morale, nous ne retenons que les résultats. Nous sommes convaincus de la supériorité de notre intelligence, de notre civilisation.
L'utilisation courante du dollar de Hong Kong par les habitants de Shenzhen rappelle cruellement à certains théoriciens du Parti l'existence des anciennes concessions étrangères et ils pestent contre l'explosion criminelle et la réapparition des triades dans la zone de Shenzhen.
Que faire ? ■

□ « Frotter du bois pour obtenir du feu » : *utilisation d'une machine importée sophistiquée mais en conservant les vieilles méthodes. (Journal de satire et d'humour, 20/12/1986).*

☐ Shenzhen 1987.

MANIFESTATIONS ÉTUDIANTES

Décembre 1986 - Janvier 1987
A Shanghai, Hefei, Pékin, Wuhan...

Detaining Protester In Peking

Les étudiants descendent dans la rue.
Ils protestent contre les méthodes de travail des syndicats étudiants, contre la médiocrité de l'enseignement, contre la qualité des repas servis dans les restaurants univesitaires.
Ils veulent la démocratie... la liberté.
Manifestations spontanées.
Ils veulent tout... et tout de suite ■

Portrait d'un petit octogénaire, successivement ou conjointement, vice-Premier ministre, chef d'état-major de l'Armée populaire de Libération, membre du Comité permanent du Bureau politique du Comité central du PCC, président de la Commission centrale des conseillers du Comité central du PCC, et toujours président de la Commission militaire du Comité central du PCC et de la Commission militaire centrale de la RPC, et que la rumeur mondiale rapporte être le chef du pays le plus peuplé du monde et dit pragmatique, libéral, démocrate, artisan des « Quatre Modernisations » et de la politique d'ouverture. Neuf ans de pouvoir absolu :

– *Janvier - février 1979*, voyage aux Etats-Unis.
– *1979*, arrestation et condamnation des leaders du mouvement du « Printemps de Pékin » qu'il avait en partie encouragé.
– *Mars 1979*, énoncé du dogme des Quatre Principes cardinaux.
– *10 septembre 1980*, interdiction d'afficher des *dazibao*.
– Définition de l'édification d'une société socialiste à couleur chinoise en insistant sur le développement d'une civilisation matérielle et spirituelle fondée sur les Cinq Recommandations (la civilité, la politesse, l'hygiène publique, la discipline et la morale), les Quatre Beautés (celles de l'âme, du langage, du comportement, de l'environnement), et les Trois Attachements (à la patrie, au Parti, au socialisme).
– *Novembre 1981*, campagne de rectification du style de travail du Parti.
– *Novembre 1981*, campagne contre le libéralisme bourgois.
– *Février 1982*, campagne contre la délinquance économique.
– *Mars 1982*, premier « mois de la civilité ».
– *4 décembre 1982*, révision de la Constitution : inscription des Quatre Principes cardinaux et suppression de la liberté de grève et du droit d'afficher des *dazibao*.
– *Juillet 1983*, campagne pour réprimer, écraser et combattre la criminalité selon les principes de sévérité et de rapidité.
– *Octobre 1983*, campagne de purification du Parti.
– *Octobre 1983*, campagne contre la pollution spirituelle.
– *Mars 1985*, élargissement de la campagne de rectification-consolidation du Parti, de 1983, doublée d'une campagne contre le libéralisme bourgeois.
– Campagnes successives d'éducation juridique.
– *Janvier 1986*, nouvelle campagne d'amélioration du style de travail du Parti.
– *Décembre 1986*, promulgation d'une loi qui soumet le droit de manifester dans la rue à une autorisation de la Sécurité publique.
– *Janvier 1987*, arrestation de manifestants étudiants.
– *Janvier 1987*, nouvelle campagne contre le libéralisme bourgeois. Campagne pour réaffirmer la nécessité de chacun d'adhérer aux Quatre Principes cardinaux.
– *1987*, après huit années d'incitation à la consommation, est déclarée « année des économies et de l'ardeur au travail ».

**CHACUN DOIT ADHÉRER
AUX QUATRE PRINCIPES
CARDINAUX**

– la voie socialiste
– la dictature démocratique du peuple
– la direction du Parti communiste
– le marxisme-léninisme et la pensée Mao
Zedong.

Deng Xiaoping
le 30 mars 1979*

* Quelques jours après les premières
arrestations du Printemps de Pékin.

☐ « A partir du passé construisons l'avenir ! ». Deng, Hu Yaobang, Zhao Ziyang, Chen Yun…, tous les dignitaires du pays, organisent une party. (Poster-type dont les paysans aiment décorer leur intérieur).

LA VOIE
DU SOCIALISME

La commission disciplinaire du Anhui exclut Fang Lizhi* du Parti communiste le 17 janvier** (Agence Chine Nouvelle, 19 janvier 1987) :
Fang Lizhi, vice-recteur de l'Université scientifique de Chine*** avait été déjà renvoyé de son poste le 12 janvier. La « décision d'exclure Fang du Parti », prise par la Commission disciplinaire du Parti communiste du Anhui remarque :

Ces dernières années, en tout lieu, Fang soutint ouvertement le libéralisme bourgeois, s'opposa aux Quatre Principes cardinaux, renia la direction du Parti, renia le socialisme. Il excita les intellectuels contre le Parti, poussa les étudiants à troubler l'ordre public, en créant de sérieuses conséquences.

1. Il prétendit que le marxisme est démodé, il renia le marxisme comme idéologie directrice. Il déclara : « Comme science, le marxisme a déjà terminé sa fonction historique. A présent nous devons chercher une nouvelle vérité. Je m'oppose toujours à ce que la philosophie marxiste dirige la science. Ce prétendu guide n'engendre que des résultats erronés. Jamais de succès positifs. A propos de la Chine, le marxisme-idéologie directrice signifie direction par les cadres supérieurs. En substance, c'est la direction du gouvernement ou des personnes au pouvoir ou du Parti. Nous en avons encore moins besoin. »

2. Il renia le système socialiste. Il préconisa de s'occidentaliser en bloc. Il recommanda de suivre la voie capitaliste. Il allégua : « A propos du système socialiste, je pense que ce que nous avons accompli durant ces trente dernières années est un échec. De Marx, Lénine, à Staline et Mao Zedong, aujourd'hui les résultats de ce genre de socialisme orthodoxe sont des échecs. En fait, à présent, nous haïssons ces trente dernières années. Peu de bonnes choses ont été accomplies en trente ans. » *Il préconisa* « d'ouvrir nos portes dans toutes les directions, de s'occidentaliser en bloc. S'occidentaliser en bloc signifie étudier la science occidentale, la technologie, la culture, la politique, l'économie, l'idéologie, la morale et le reste. Cela concerne aussi notre système politique et celui de la propriété. » *Il accusa notre système socialiste de* « féodalisme moderne. C'est du féodalisme sous le nom de nationalisme, sous le

* L'un des principaux agitateurs des mouvements étudiants de décembre-janvier.
** Lendemain de la démission de Hu Yaobang, secrétaire général du Parti.
*** La plus prestigieuse du pays.

drapeau national. C'est essentiellement un système autocratique et de centralisme étatique. »

3. *Il demanda ouvertement* « de changer le Parti », *il renia sa direction. Il soutint :* « La première spécificité du contrôle féodal de la Chine est l'identité entre le centre du pouvoir et celui de la moralité. Aujourd'hui le Parti communiste fonctionne exactement ainsi. Le Parti est noir. J'approuve les adhésions au Parti Communiste. Adhérer au Parti peut au moins changer sa couleur. Je propose formellement de changer le Parti. » *Il critiqua les décisions de la sixième session plénière du Comité central issu du douzième congrès du Parti communiste de retenir la lutte contre le libéralisme bourgeois. Il dit en public :* « Ce concept est extrêmement faux et flou. Il a été souvent utilisé en guise de bâton. »

4. *Il préconisa aux universités de se libérer de la direction du Parti. Il défendit l'indépendance totale des universités. Il excita les intellectuels contre le Parti et le gouvernement. Il soutint que la relation entre les universités et le gouvernement est celle de subventionner.* « Vous, le gouvernement, vous devez attribuer les fonds au recteur... le mieux serait que vous n'interveniez en rien d'autre. Les universités seraient complètement indépendantes. Elles doivent être indépendantes du pouvoir et devenir le centre des pensées indépendantes. Ainsi, il est impossible que l'université soit chapeautée ou guidée de l'extérieur. Les intellectuels chinois ne sont pas encore conscients de devenir une force indépendante, une force principale. C'est toujours le féodalisme. Si les intellectuels ne peuvent devenir une force indépendante, les réformes ne peuvent réussir. »

5. *Il défendit la démocratie et le libéralisme bourgeois. Il incita les étudiants à créer des troubles. Il détruisit la stabilité et l'unité du pays. Il agita certaines universités :* « Les étudiants de l'Université scientifique ne sont pas assez actifs. Pourquoi n'avez-vous perçu aucun signe de bouger ? » *Il soutint que* « les étudiants sont la force progressive de la société. » « Certaines choses semblent dures mais à l'intérieur elles sont vides, elles sont peu puissantes. Rien d'extraordinaire ne vous frappera, si vous les attaquez. Mais si vous tapotez simplement, l'impact sera large. Bougez le petit doigt et tout le pays sera très tendu. Il existe diverses voies pour gagner la démocratie, certaines sont violentes. » *Le soir du 4 décembre 1986, quand les étudiants se préparent à fomenter des troubles, il proclame encore :* « La démocratie n'est pas donnée par la classe supérieure aux classes inférieures. Vous devez combattre pour l'obtenir. » *Le lendemain, les étudiants de l'Université scientifique et des autres campus de Hefei manifestent.*

La décision souligne :
Fang défendit ouvertement le libéralisme bourgeois, s'opposa aux Quatre Principes cardinaux. Ses fautes sont graves. Il a dévié de la

Constitution du Parti et des règles de vie politique des membres du Parti communiste. En raison de ses fautes, la cellule du Parti l'a souvent critiqué. En public, il pliait, en privé il s'opposait. Il persista à ne pas corriger ses erreurs. Cela a provoqué de sérieux dommages au Parti et détruit la stabilité et l'unité. Tous les faits prouvent que Fang Lizhi s'est écarté des exigences de conduite d'un membre du Parti. Selon la Constitution du Parti, nous décidons de l'en exclure. Cette décision a été lue par Fang selon la Constitution du Parti et communiquée à la cellule de Fang.

Cette décision est reproduite dans tous les quotidiens, entre le 20 et le 22 janvier 1987.

Un touriste américain interroge Gloire : La publication générale des déclarations étonnantes de Fang Lizhi pour justifier son exclusion du Parti ne donne-t-elle pas des idées subsersives aux Chinois ?

– Aucun risque !... Les Chinois ne penseront pas que Fang a raison. Ils n'oseront pas... Même secrètement à l'intérieur d'eux-mêmes... Avant tout Fang Lizhi a désobéi et ceux qui désobéissent sont mauvais. A fortiori un communiste.

Pourquoi la Chine doit suivre la voie du socialisme.

« Restons fidèles aux Quatre Principes cardinaux durant la réforme et l'ouverture au monde extérieur. » (Agence Chine Nouvelle, 11 janvier 1987 ; Quotidien du peuple, 12 janvier 1987.)

A la fin de la dynastie des Qing, la Chine sous leur domination pourrie est agressée par les puissances occidentales qui passent déjà du capitalisme à l'impérialisme. A cette époque, la Chine ne connaît pas les conditions historiques requises pour suivre la voie capitaliste et elle ne peut que devenir mi-féodale, mi-coloniale. Le camarade Mao dira : « Ceux qui voulaient apprendre de l'Occident pour sauver la Chine durent méditer : Pourquoi le professeur bat-il toujours ses élèves ? » Nous avons tâtonné de nombreuses années dans les ténèbres et nous avons découvert la vérité : seul le Parti communiste peut sauver la Chine. Le socialisme a permis au peuple chinois de se tenir debout... Certains veulent absolument comparer la Chine aux pays occidentaux. Ce n'est pas scientifique. Les Etats-Unis sont un pays capitaliste qui a derrière lui une histoire bi-centenaire. Ils jouissent de conditions naturelles extrêmement favorables et les deux guerres mondiales leur ont beaucoup profité. Par contre, au cours des cent dernières années, la Chine fut occupée et ravagée par des guerres. La Chine nouvelle a moins de quarante ans, elle a connu la guerre de Corée, le blocus créé autour d'elle par les impérialistes, la rupture des engagements d'une super-puissance et les erreurs commises du fait de sa propre inexpérience. La route du développement n'est pas plate. Depuis la troisième session plénière du Comité central, issu du onzième congrès du Parti communiste*, nous entreprenons de vraies réformes. En si peu de

* Prise de pouvoir par Deng Xiaoping.

184

temps, que ce soit trente ou huit ans, personne ne peut transformer un pays extrêmement pauvre en une nation développée. Des jeunes se vantent de réaliser des choses remarquables si nous les laissons gouverner. Cela prouve seulement qu'ils ignorent tout de l'histoire et de la société. Gouverner un pays n'est pas une plaisanterie.

Je l'ai déjà écrit. Toutes ces querelles ne nous intéressent pas. Nous percevons le pouvoir communiste comme une nouvelle dynastie. Nous sommes impuissants à changer quoi que ce soit et nous ne songeons même pas à l'envisager.

Entre 1981 et 1987, nos habits ont changé et nos modes de pensée également. La mode est d'être réactionnaire et avant d'être des révolutionnaires, nous sommes et avons toujours été des serfs.

Deng Xiaoping en saisissant le pouvoir a rabaissé et rendu raisonnable nos objectifs. Rattraper dans un premier temps l'Occident et prouver pour commencer que le socialisme peut faire aussi bien que le capitalisme.

Nous nous nourrissons tant bien que mal et Deng, que nous aimons bien, en remplissant nos ventres a vidé nos têtes.

La dépolitisation est générale.

Nous n'avons plus d'idéaux, sauf celui de s'enrichir. Cela ne veut pas dire, même si nous sommes las des campagnes et des luttes, que nous ne croyons plus à la direction clairvoyante du Parti. Nous ne la renions pas et nous souhaitons simplement faire notre trou, devenir riches, et que la société bouge le moins possible.

En 1982, le troisième recensement général nous a appris que nous avions franchi la barre du milliard d'hommes. Ce chiffre peut effrayer. Entre 1981 et 1987, notre attitude a changé et désormais nous sommes fiers de notre nombre.

Nous avons sublimé ce handicap insurmontable, frein historique au développement de notre nation. Nous espérons qu'il se révélera une arme absolue.

La politique, l'armée, la pensée de Mao Zedong ne comptent pas, la vraie « bombe atomique d'une puissance illimitée » est notre nombre. Nous en avons pris conscience et nous devenons, de nouveau, les plus forts.

Ma belle-famille, mes amis, des rencontres fortuites aiment de plus en plus avouer aux étrangers notre pouvoir invincible de civiliser l'Occident et le monde et d'améliorer la condition des métèques.

Bien sûr, ce genre de déclarations se produisent au milieu d'un repas, quand nous avons un peu trop bu, ou dans le train quand nous avons épuisé tous les sujets de conversation habituels....
Alors nous rêvons !

La Chine renaît. Nous sinisons le monde.

La voie chinoise est la voie vers l'harmonie céleste.

Quand les puissances occidentales colonisaient, nous étions colonisés.

☐ Dans un convoi militaire, Abdul Karali découvre le Toit du monde.

Dans la seconde moitié de ce siècle, l'influence de la Chine, à la joie de tous les Hans*, s'est étendue du Cambodge à l'Afrique et vous devez reconnaître sans parti pris que les Hans ont libéré et apporté le progrès aux peuples du Xinjiang et du Tibet comme les Russes le font en Afghanistan.

A propos de la guerre sino-vietnamienne, Gloire, ma femme, dit, comme ses parents et ses voisins :

– Les Vietnamiens sont des chiens et quand un chien aboie, son maître doit le battre pour lui donner une bonne leçon**.

La guerre se poursuit depuis huit ans et la Chine n'a pas réussi à corriger le Vietnam.

Elle ne contrôle toujours plus le Cambodge et se maintient dans ses colonies : Mongolie intérieure, Xinjiang, Tibet, malgré des révoltes fréquentes contre le pouvoir central des Hans et les revendications inacceptables de territoire par différentes puissances étrangères.

Printemps 1987.

L'Inde se prépare à nous attaquer pour nous reprendre un petit bout de Tibet.

Avec Gloire, je quitte Chengdu pour Lhasa.

Deux mille cinq cents kilomètres de routes, de pistes, de précipices entre trois et six mille mètres d'altitude. Tout le monde parle de la guerre qui doit éclater demain... peut-être après-demain...

Convois militaires incessants qui serpentent sur le toit du monde jusqu'à la frontière indienne.

Ils transportent des hommes, des canons, des fusils-mitrailleurs, des munitions, des vivres.

Un convoi nous prend en stop. Le moral des troupes est fantastique. Ils partent corriger les Indiens.

Il nous faudra dix-sept jours pour atteindre Lhasa. En roulant tard dans la nuit. Ils partent à la guerre avec des fusils et des camions de bric et de broc.

C'est l'aventure !

L'officier sans grade apparent qui dirige notre convoi a des responsabilités équivalentes à celles d'un capitaine.

Il a vingt-trois ans.

Il est membre du Parti.

– Le Parti communiste est la force directrice du pays. Marxiste ou non, j'y ai adhéré pour construire le pays... Le marxisme a prouvé sa nocivité. Il a prouvé qu'il ne fonctionne pas. C'est un échec et, un jour, il sera remplacé.

Nous franchissons des cols à cinq mille mètres d'altitude et il me parle de Fang Lizhi. Il l'admire.

– Il a raison. Nous devons accepter les critiques et les conseils des

* Quatre-vingt-treize pour cent des Chinois.
** C.f. discours de Deng Xiaoping en 1979 à son retour des USA pour montrer aux Américains comment traiter Cuba.

étrangers pour nous moderniser. Il faut étudier leur technologie mais aussi leur culture... La Chine doit être inspectée par les Occidentaux si elle veut progresser. Quand ils nous critiquent, il faut cesser de répliquer : « C'est notre affaire, ça ne vous concerne pas ! »... Le problème de la Chine vient de ses leaders, tous très vieux. Ils ne connaissent pas grand-chose mais refusent d'abandonner le pouvoir à des jeunes instruits et plus compétents. Mais en Chine, personne n'ose dire la vérité.

...

– Qui ouvrira les hostilités, la Chine ou l'Inde ?
– Difficile à dire...
Il ajoute sans rire :
– Qui sait vraiment qui occupe l'autre ?... Néanmoins, ces terres contestées par l'Inde sont historiquement une partie inaliénable de notre territoire.
Je l'interroge sur la question de Taiwan :
– Taiwan doit revenir à la mère patrie... Qu'ils veuillent ou non du communisme n'est pas le problème. La majorité des Chinois du continent n'y croit pas non plus. Taiwan et le continent forment un seul et même pays. Et s'ils refusent la solution pacifique de réunification, nous utiliserons la force. La Chine sera réunie à n'importe quel prix.
– Même si vous devez les exterminer ?
– Oui. Un pays doit être uni.
Comme beaucoup de Chinois, il respecte le génie guerrier de Napoléon et d'Hitler.
– Ils ont été vaincus mais ils ont réussi leur existence... Si seulement les Chinois avaient un chef comme ça, notre pays serait puissant... La Chine est surpeuplée. Un jour ses terres actuelles ne lui suffiront plus et elle devra se lancer à la conquête du monde pour nourrir son immense population. Un jour nous posséderons des armes modernes et nous nous battrons en France. Qu'en penses-tu ?
Je ne réponds rien ■

☐ Tibet 1987, soldat de l'Armée populaire de Libération sur la route du front. « Nous partons faire la guerre à l'Inde ».

Achevé d'imprimer en France en Juin 1988
par Imprimerie Alençonnaise - 61000 Alençon

Numéro d'Éditeur: 1112